老いと幼なの言うことには

小沢牧子　エリザベス・コール

もくじ

装丁・ブックデザイン　エリザベス・コール

まえがき

本書に登場するのは、いまの世のなかであまり力を持たない人びとである。小さな子どもは、できないことがたくさんある。言葉もまだわからない。はさみやナイフも使えない。スマホが何をしているのかも、もちろんわからない。だから子どもはいつも、自分の目でただじっと見る。世のなかを知ろう、わかろうとして。そしておとながすっかり忘れて目に止めなくなったものをも、のがさずに見つめている。

子どもは小さいので、すべての人間が立っている地面をよく見ている。水たまりに映る空、小さな虫たち、土をさわる喜び。情報の世界から生身の世界へと、子どもはおとなを連れていく。そうだった、これが世界の基本だった、と、おとなは一瞬ではあれ気づかされる。世界の事実を見せ合う者同士。おとなと子どもはおたがいさまだ。

小さな子どもの母親もまた、いまの社会でできないことがたくさんある。子どもの速度に合わせるので、早くは歩けない。自由に動くことも、ままならない。日々、辛抱が必要だ。人は、仕事を介して社会につながっていたいと願う。でも幼い子の母親たちは、効率ばかりが求められる職場で、折々に降格などの不利益をこうむる。少子化するのも当然だ。

子どもを連れて街に出れば、まず母乳を飲ませる場所に気を使う。そして何より、母乳や粉乳また食べもの全般を襲う、放射能を初めとする環境汚染。父親の育児不参加。小さな子どもの母親は、社会が生み出した問題を生身で受け止め、たくさんの疑問に向き合いながら、子どもといっしょに地面に近く暮らしている。

そして、老人。齢とともにできないことが増えていく人びと。ゆっくり歩き、話し、身の回りの世界をじっくり眺める。小さな子どもとおなじように。たくさんのことはできないし、しようとも思わない。小さな窓をのぞくスマホにも縁がない。その代わり空を見て、鳥の声を聴く。花を見て、手仕事をする。幼い子どもに笑いかける。「老い」と「幼な」は仲がよい。そして両者ともそんなに活動しないので、地球をあまり汚さない。

沖縄の地では、九十七歳になった年寄りのお祝いに、かざぐるまを贈る習慣があるという。それは本書の共著者エリザベス・コールから聞いて知ったことである。写真家の彼女が愛する沖縄の地。その地に美しく廻るかざぐるまは、幼い子どもを喜ばせ、老いた人を楽しませる。同じ世界を見、体験している者たち。その位置から「老い」と「幼な」が言いたいことは、何だろう。

この書は、老人のわたしと、小さな子どもの母親エリザベス・コールの共同作業によって編まれた。対談、写真と小文、老いをめぐるエッセイの三部構成である。対談から始まる書物は珍しいかもしれないが、本書をつらぬく日米老若ふたりの視座と問題意識を、最初に知っていただこうと考えた。生身・具体の暮らしの場から社会をとらえ返し、未来をひらく手がかりを探すわたしたちの試みに、しばし参加していただければ幸いである。

表紙カバーの幼い子ども。その丸い目が、視線の先に見つめているものは何だろうか?

小沢　牧子

対談・めぐるいのち

小沢牧子　エリザベス・コール

生まれること、育つこと

老若日米それぞれの場所から

小沢牧子（以下M）：エリザベスさんはアメリカ・ニューヨーク市に暮らす三十八歳の働き盛り、わたしは日本・川崎市に暮らす七十七歳の年寄り。住んでいる国も世代も暮らし模様もちがうふたりです。

いま二〇一四年、たまたまエリザベスさんは一歳になるはじめての赤ちゃんを連れて、日本に滞在しています。この機会に、わたしたちがいまとりわけ深い関心を持っている子どもと老いというふたつのテーマを中心に、この対談をはじめました。社会の中で立場の弱い子どもと母親、そして老人が出会うさまざまな困難は、現代社会が作り出した世の中の歪みを共通に映し出していると思うからです。

M：小沢牧子

1937年北海道生まれ。臨床心理学のもつ社会的問題、学校・子ども問題などを研究。40代の息子2人、孫4人。川崎市在住。

わたしの住む日本もエリザベスさんの住むアメリカ合衆国も、いま大資本と高度なテクノロジーとに支配された社会です。土はコンクリートで固められ、石油の熱によって狂ってしまった気候は季節の変化を奪い、原発を初めとする攻撃的な科学・技術が地球環境を破壊しています。

そのなかでわたしたちの日常生活は、人の基本的な持ちものである身体をまるごと使うことなく、溢れる情報を受け取る眼と脳ばかりを酷使する日々となりました。移動するための足や、ものを作るための手を使う機会も少なくなり、何よりも、人がひとつの場所で共同作業をし語り合う生身の関係が、極端に減りました。あたかもマンガに描かれる頭でっかちの火星人が個別の檻で暮らしているような、孤独で受け身な暮らしになっているのです。

その変化につれてこの社会は、人の暮らしについてさまざまな問題をかかえるようになりました。そのひとつは、子どもを育てにくい少子社会になっていること、もうひとつは安らかな老いと死のありかたが失われていることです。人生の初めと終わりの地点に、この時代がかかえる問題の大きさが、とりわけ浮き上がって見えます。終わりよければ全てよし、という言い方がありますが、逆に初めと終わりのどちらも危うい時代を、わたしたちは生きているのです。

その問題の中身と背景を、赤ん坊と暮らすエリザベスさんと老年期にあるわたしのふたりが、自分たちの体験を通して考え、困難からの脱出口を探していこうとするのが、この対談の目ざすところです。

縁あって、友人どうしの母娘

M：ところで、エリザベスさんの連れ合いはわたしの息子なんです。ですからわたしたちふたりは、婚姻や戸籍という制度上の関係でいえば、「義理の母娘」に当たります。でも実際の暮らしでのわたしたちは、年代の異なる親しい友だちどうし。さまざまなことを、「あなたはどう考える？」と尋ねあい「わたしはこう思うけれど」と、折々に考えあってきました。エリザベスさんはかたことの日本語、わたしはかたことの英語で。多くの部分は、通訳してくれる息子の協力付きで。この対談もそうですが。

それでは始めていきましょう。まずはわたしのかんたんな自己紹介を。

わたしはエリザベスさんの親世代にあたる世代、一九三七年生まれです。第二次世界大戦敗戦の一九四五年に八歳の小学二年生でしたから、あの戦争の記憶をもつ最後の世代。二度と戦争での殺し合いを起こさないように体験を伝え、反戦の活動につながっていきたいと思いつづけてきました。

心理学を学び、若いころからずっと、子どもや女性をめぐる社会問題について考えたり書いたり、大学で「心理学論」を講じたりしながら忙しく暮らしてきました。学問を続けているうちに、現代社会で心理学が果たしている役割への疑問をもつようになりました。それは四十代のころのことでしたが、それ以来ずっとこの課題に向きあいながら、いまに至っています。

息子二人が成人し四人の孫の祖母になったいまは、定期的な仕事からはなれてこれまでのライフワークを続けると同時に、何より好きな自然と親しみ、社会のこと、時代のこと、とくに子どもや老いについて考えては書いて、夫とふたりで暮らしています。隣家にはもう一人の息子家族が住んでいて、三人の孫たちが近所や学校の友だちをつれて、入れかわり立ちかわり遊びにくる、賑やかな毎日です。

E：エリザベス・コール

1976年、アメリカ合衆国、コネティカット州生まれ。写真家。１歳半の息子の母。ニューヨーク市近郊に在住。

異なった文化体験と問いをもつ生活

M：こんどはエリザベスさんの自己紹介をしてください。

エリザベス・コール（以下E）：わたしは一九七六年にアメリカ合衆国で生まれました。父はアメリカ人ですが、母はイギリス人で、子ども時代の夏休みはイギリスで、母の親戚と過ごしました。ですから、ふたつの文化のなかで育っています。その体験は、ものごとを一面からでなく相対的に見て、いつも問いを持って考える現在の自分につながっていると思っています。まだ幼いわたしの息子も、これからアメリカ合衆国と日本というふたつの社会を通して、きっとわたしとおなじ体験をしていくことでしょう。

高校時代のうち一年間はスペインのバルセロナ市に留学して、スペイン語を身につけました。そこでもまた別の文化に接し、ときに戸惑いときに元気をもらいながら、新鮮な日々を過ごしました。写真を撮りはじめたのは、このころです。それ以来ずっと、写真はわたしにとって自分と世界をつなぐだいじな方法になっています。

アメリカ合衆国へもどって、大学で写真を学びはじめましたが、どうしてもスペイン語を話したいという思いにかられて、二十代のある日、メキシコシティーに旅立ちました。四、五日をかけ、バスに揺られて。その地メキシコはすぐさまわたしの故郷といえるところとなって、七年間をそこで過ごしました。そこでアメリカ合衆国では見えなかった人間や社会の本質的な姿を、まるで木の根っこを辿るようにして知り、深く学んだと思っています。

ニューヨークにもどり大学院でふたたび写真を学びながら、ジャーナリズムの分野で仕事を始めました。報道写真家また記者として、おもにメキシコの新聞『ラ・ホルナダ』の仕事をし、牧子さんと同い年くらいのニューヨークの歴史家女性とも仕事をして、多くを学びました。

ニューヨークで夫と出会い、二〇〇六年に日本を初めて訪れました。そのときわたしはまず、人びとの生活が持つ視覚的な美しい環境に感銘を受けました。折り紙、お土産、布団、お弁当、お菓子、どれもほんとうにきれいです。日本を訪れたのは今回で六度目です。

M：日本の社会は、視覚を大切にする生活文化を持っているのでしょうね。日本料理や生け花もそうですし。

E：その通りですね。それがお国柄のひとつだと思います。夫とわたしはこれまで、世界のあちこちへいっしょに旅をしました。世界のありようを知りたくて。ラテンアメリカをはじめ、アジア、アフリカ、中東の諸国…。通過する旅ではなくて、家を借りて自炊しながら数か月の滞在をする旅です。

旅人になることは、赤ん坊になることと似ているみたいだと思います。ひとつの考えに固着しないで、絶えずものごとを新しく吸収し育っていく日々を過ごしますから。生まれてきた赤ん坊といっしょに暮らしていると、あらためてそんな気がしてきます。

授乳の場所から世界を見ると——ひとつの身体にふたつの頭

M：エリザベスさんはいま、母乳で赤ちゃんを育てていますね。おっぱいを飲む赤ちゃんとおっぱいをあげるお母さんの姿ってなんて幸せそうなんだろうと、わたしはいつも見とれてしまいます。おっぱいをあげている日々に、どんなことを考えますか？

E：それはほんとにおもしろい体験です。たくさんのことを感じ、発見しますよ。

出産する前つまり妊娠中は、わたしの身体はひとつでした。その身体は出産してからふたつに分かれましたが、赤ん坊におっぱいをあげるときはまたひとつの身体にもどるんですね。自分と赤ん坊の身体が母乳を介してつながるから。ひとつの身体にふたつの頭がついている。おもしろいなあと思います。

いまは、自分が食べることと授乳することだけをやっているような気のする毎日です。身体的にも生活的にも支障なくそれができる自分は、幸運だなと思います。わたしは、赤ん坊が自分のほんとうの時計を持っていると思うから、子どもの飲みたいときに合わせて授乳しています。赤ちゃんのお腹が空いたときは、わたしの身体に授乳の準備が整ったときですから、時計を見る必要もありません。赤ん坊はこの世の規則というものに無関係だから、授乳の主導権を握っているのは子ども。子どものリズムと自分の身体のリズムを合わせて、ゆっくりふたりでやっていけるのは、母乳のいいところです。

でも母乳であっても、ラクなことばかりではありません。自分の考えでやっていくためには、結構まわりの圧力と闘わなくてはならない。アメリカの社会では、授乳の主導権は子どもでなくて、親のほうが持っているべきだという考え方が一般的だからです。「親が立てたスケジュール通りに授乳をして育てなければならない」と信じている人が多いなかで、子どもにまかせている自分のやりかたは、正直言って口にしづらいですね。

M：子どもは育つもので、育てるという言葉はしっくりしないというのがわたしの実感です。でもなぜか、子どもといえば育てることしか考えない世の中の風潮がありますね。

顔にナプキンをかけられてパイを食べたくはない

E：いまは赤ん坊と母体は一体で、本能に従ってふたりで動いていくだけですから、幸いなことにわたしはシンプルに母乳育児をしています。母や子に身体的な問題があるときには母乳育児は困難ですが、条件が整っていれば、母乳育児は単純なことのはずなんです。でもいまの社会では、残念ながらそれが単純なことでなく、面倒なことになってしまっています。なぜなら世の中には、人なかで堂々と授乳できる雰囲気がありません。母乳育児と社会の意識のあいだに、ズレがあるためです。まるで恥ずかしいことをしているかのような。公の場で授乳がもっと普通に受け入れられたらいいんですけれどね。

M：わたしの母の世代は、誰もが人なかで堂々と赤ちゃんにおっぱいをあげていたんですよ。その当たり前のはずの行動が、次のわたしの世代にはすでに自然なものではなく、屈折した行為になってしまいました。かつてわたしも残念ながら、人前で授乳するときに気を使ったものです。その変化は、子どもを育てる上で大きな問題のひとつですね。親が赤ん坊にのびのびと食事をさせられなくなったということですから。

E：そう。赤ん坊は頭から何かを被せられておっぱいを飲むのを嫌がりますし、おっぱい自体に覆いをするのを嫌がる子もいます。それはもっともなことだと思います。もしあなたがパイを食べるとして、あなたはそのお菓子を眺めながら食べたいでしょう？　大好きなパイをナプキンで覆って食べるなんて、嫌でしょう？　まして自分の顔にまでナプキンをかけられたら、誰だって迷惑でしょう？　赤ん坊だっておなじだと思いますよ。

　ボリビアでわたしは、地元の女性が胸をそのままにして授乳しながら道を歩いてきた姿に出会いましたが、その光景を思い出します。それが自然な姿だと思うのです。ところがいま街なかで授乳するとき、わたしはよく、何かまちがったことをしているような気分になります。わたしはただ、お腹をすかせている人に食事をさせているだけなのに、なんだか淫らなことをしているかのように感じさせられるのです。授乳する乳は性的なものではない。それは異性のためのものではなく、赤ん坊のためのものなのに。

M：母親になった女性が、赤ん坊を外へ連れて出にくくなったということですものね。当たり前の行為であるはずの授乳が、不自由でややこしい仕事になってしまいました。生まれてくる子どもの数も減るわけです。この話はだいじですね。

E：身体や社会とうまく合えば、母乳育児はとても自然でいいものです。なぜって、母乳をあげるのが一番簡単で安心ですからね。赤ん坊の飲み物を買ったり作ったり持ち歩いたりしなくていい。自分と赤ん坊だけ持っていればそれでいい。わたしは産後に、自分が忘れっぽくなったなあと思ったけれど、赤ん坊を連れて出かけたあとに、「しまった、おっぱい忘れたかも」なんていうことは絶対ないわけですからね（笑）。自分と赤ん坊だけ持っていればいいっていうのは、気楽でいい気持ちです。

　わたしの友達は乳腺炎を起こして、残念にも母乳をあげられなくなってしまったんですが、彼女は「粉ミルクを切らしたらたいへん」という不安でいっぱいだそうです。買い置きをうっかり忘れるとか、災害か何かが起きてミルクが手に入らなくなるっていうこともあり得ますからね。それを思うとぞっとすると彼女は言います。不安なくおっぱいがあげられるのはありがたいことです。家の外でものびのびと授乳が出来さえすれば。

食物連鎖と放射能汚染

M：赤ちゃんのお父さんはよく協力していますか？

E：ええ、とても。わたしの場合幸運なことに、いまの授乳の時期には、夫が食事を作ってくれています。食事作りが夫の仕事、授乳するのがわたしの仕事、そしてお乳を飲むのが息子の仕事。わたしたちにとっては授乳って、三人でひとつの仕事をすることです。

M：うちの庭に来る鳥たちも、そうやって子育てをしているのを見ますよ。おなじ生きものである人間にとっても、それが自然な姿なんですね。夫婦に子どもが生まれたら、父親も十分な育児休暇が取れる社会であるのは当然のことです。でもその形が、日本ではなかなか進まないのが大きな問題です。

ところで、日本ではとんでもないことに、二〇一一年の原発大事故で水や食べ物が放射能で汚染されてしまいました。原発を推進する国の方針が、自然をふみつけ放射能被害をまき散らす大問題を起こしたのです。被災地のかたがたの不安とご苦労は、とりわけ大きなものでしょう。エリザベスさんも、日本に来て授乳をしているいま、食べるもの飲むものの放射能汚染にさぞ気を使うことと案じています。

E：わたしは食品についている日本語のラベルを読むことができないので、汚染を逃れるためにはいっそうの難しさがあります。今回わたしは、母乳が環境からまったく直接に汚染される深刻さに、あらためて気づきました。授乳しているいま、わたしは食物連鎖の一部つまり牛の位置にいるわけです。わたしが何を食べたか、それがそのまま母乳に影響を与えます。

このかん日本に滞在しているあいだ、わたしは放射能の影響を受けている日本のお母さんたちの悲しみや苦労に、いつも思いを寄せています。赤ん坊がお腹を空かせて泣き叫ぶのを見るまで、わたしは自分たちが食べ物にこれほど依存しているのだとは、うかつにも自覚していませんでした。何といっても食べ物は、生活の中心なのです。

そして、ここ日本で放射能のことを考えていて気がつくのは、自分が住んでいるニューヨークにも市内から六十キロしか離れていないところに原発施設があるということです。それに加えて、他の産業による汚染もあります。この現代社会ではこれらの汚染から逃れることは不可能のようで、どうしたらいいかわからなくなります。でもそんなふうに気持ちが動揺するときは、赤ん坊がいかに強い存在であるかを静かに眺めて、気持ちを落ち着かせています。

M：日本で小さな子どもをもつ親たちも、反原発運動に熱心に取り組んでいます。わたしも折々に「原発なくそう」のデモや集会に参加しますが、小さな子どもを連れた若い親たちに、よく出会います。みんな、あなたと同じ気持ちでいるでしょう。

あの原発大事故のあと、たくさんの親たちが小さな子どもを連れ、危険地域から逃げて移住しましたが、その人たちの半数は、三年が過ぎても家族と別れたまま避難生活を送っていると報道されています。住みなれた土地が放射能で汚染されたまま、家族がいまもバラバラにされているのです。それなのにいまの自民党政権は、ふたたび原発を動かそうとする政策をとっている。あり得ないことです。老人のわたしも原発を止める活動に、体力の許す限り加わり続けたいと思っています。

権力は母乳を歓迎しない

E：授乳をしながら思うことは、資本や国家という権力にとっては、母乳ってきっと怖いもの、歓迎したくないものだろうなということですね。なぜって、おっぱいを子どもにあげるっていう行為は、資格試験も免許もいらなくて、お産をしたら誰にでも平等にできることだから。資格があるとかないとか、学歴がどうだとかで人を区別したり評価することができない世界。誰でもが身一つでできる素朴な行為です。それを権力は怖がるし嫌がりますよね。相手を支配できない世界だから。

M：人を序列化して支配しようとする側にとっては、手が出せなくて厄介な場所でしょうね。逆にわたしたちにとってはすてきな場所。いまの社会の中では稀な、貴重な営みです。

E：母乳育児は自給自足の行為だから、資本の側の儲けにならない。いまは何でも金儲けに結びつけるし、資格を問題にするし、人のあいだに境界線、障壁、階級を作る社会ですが、そこから解放されている世界です。

M：なるほど、人間をすべて儲けの対象として値踏みするいまの世の中で、おっぱいの世界は権力の思惑と資本の都合を無視した解放区なんですね。だから支配する側は母乳育児を怖れる。もし粉ミルク育児なら、授乳が始まったとたん、生まれたばかりの赤ん坊を消費社会のマーケットに吸収して、親子を支配することができますからね。

母乳育児が否定された時代

E：牧子さんが出産した、日本の六十年代後半はどうだったんですか？　のびのびおっぱいがあげられましたか？

M：それがぜんぜん。自分の母の時代のように人なかでのびのび授乳できるどころか、わたしは愚かなことに、はやばやと粉ミルクに切り替えてしまったんですよ。当時のわたしの出産は、日本が消費社会に突入して、大企業が粉ミルク市場を拡大しようと動いていた時代でした。粉乳企業と医療が結びついて母乳軽視の風潮をつくり、粉ミルクの販路を拡大する動きの真っ只中だったんです。

当時のアメリカではどうだったのでしょう。企業と結んだ日本の病院は率先して、粉ミルク育児を望ましい方法として奨励しました。わたしも残念ながら、その母乳軽視キャンペーンに乗せられて、哺乳ビン育児に流されてしまったんです。いまエリザベスさんが赤ちゃんにゆっくりおっぱいをあげている姿を見ながら、自分はなんてもったいないこと、間違ったことをしたんだろうと、いまさらながら口惜しく、反省します。もちろん母乳が出ない場合、また母乳育児ができない事情があるときに、粉ミルクの役割は大きいのですが。

当時わたしの夫のお母さんは、わたしの哺乳ビン育児をそばで見ながら、「こんなことで赤んぼが育つのかねえ」とつぶやいていました。その言葉をいまも耳のそばに覚えているんですが、それはわたし自身も義母とおなじ不安をどこかで抱えていて、「おばあちゃんの言葉は当たっているのかも」と感じていたからだと思うんです。

E：粉ミルク育児は、病院の指導だったんですか？

M：ええ、そうです。わたしが二度の出産をした六十年代後半は、さっきも言った通り日本が経済の高度成長期にあったころです。当時の新生児医療は、母乳には栄養価値がないとして、粉ミルク育児を積極的に勧めていました。その十年ほど前には、毒物の入った粉ミルクのために、たくさんの赤ちゃんが死んだ事件があったばかりだというのに。

E：そんなおそろしいことがあったんですか。

M：ええ、それは一九五五年のことで、「森永ヒ素ミルク事件」とよばれます。西日本を中心に一万二千人以上の赤ちゃんが被害にあい、そのうち百三十人もが亡くなりました。それは森永粉ミルクメーカーの工場で、製造過程の不注意のために粉ミルクにヒ素が混入して起きた、悲惨な事件でした。わたしたち親は、そこから粉ミルクの危険性と母乳育児のかけがえのなさを学ばなくてはならなかったのに、資本の隠ぺい工作や粉ミルク販路拡大の仕掛けに取りこまれてしまい、無念にもそれができなかったんです。

当時粉ミルク業界は、おそらくその事件を忘れさせようとしながら、粉ミルク育児の大宣伝をして病院に食い込んでいったのでは、と想像します。

E：病院では、お産のあとにどんな説明をされたんですか？

M：わたしがはじめての赤ん坊を病院で産んで退院する前日に、「お母さん教室」が開かれました。そのとき講師をつとめた看護婦さんの言葉を、わたしはいまもよく覚えています。「母乳は栄養がないので、赤ちゃんの発育のためにお勧めしません。なるべく粉ミルクをあげるようにしてください。それも四時間おきに。そうすると四時間おきに泣く、時計のような赤ちゃんが出来上がります」って。

そのセリフを聞いて、さすがにヘンだと思いましたよ。わたしは時計を産んだわけじゃないよ、妙なことを言うなと。でも、生まれたばかりの赤ん坊を抱いて緊張していたわたしは、病院のこのおかしな指導を、きちんと疑うゆとりを持てなかったんですね。そして退院するお母さんたちは全員、明治乳業の大きな粉ミルクのカンを病院からプレゼントされ、そのカンと赤ちゃんを抱えて退院したんです。

E：母乳はぜんぜんあげなかったんですか？

M：いえ、少しはね。病院では、はじめの数か月は母乳と粉ミルクの混合栄養で育てるように指導されましたよ。でも混合授乳をしていると、母乳はだんだん出なくなってしまいます。産後、日が経って赤ちゃんがたくさん飲むようになれば、母乳もそれにつれてたくさん出るようになっていくのが身体の賢さですが、合間に粉ミルクをあげれば、赤ちゃんは母乳をそんなにたくさん飲まなくなる。そうすると身体はもう母乳は要らなくなったのだと思い、母乳づくりを止めてしまいます。

そんなわけで、わたしの二人の子どもは、母乳の代わりに牛の粉乳に育ててもらったのです。だから、いまのエリザベスさんみたいに、母乳育児を面白がって考えを深めるチャンスもなく、漠然とした疑問と割り切れなさが残っただけという、残念な授乳体験でした。

「宇宙の秩序」をとりもどす

アメリカから広がった粉ミルクボイコット運動

E：実は、アメリカでも同じ事情があったんですよ。日本で赤ちゃんとお母さんが粉ミルク産業に狙われ、取りこまれていたように。もっともアメリカでは、この粉ミルク押しつけ政策に大きな反対運動が起こって、粉ミルク市場を追い払った歴史があるんです。

　わたしの知っている範囲の話をしましょう。一九七七年のこと、それは牧子さんの出産体験の十年ほどあとですが、アメリカを中心とした国々で、飲料・食品の大会社ネスレへの国際的ボイコット運動が起こりました。代表的な粉ミルクメーカーのネスレは、アメリカ国内だけでなく貧しい国々の母親たちをめがけて、粉ミルクの輸出を続けていたからです。乳児にとっていちばん適切な飲み物である母乳を否定して、出産したすべての母親たちに自社の粉ミルクの贈り物をしたといわれます。

M：わたしが体験したことと同じですね。

E：そうなんです。粉ミルク産業とそれに影響された医者・看護師たちは、粉ミルクは母乳よりも栄養があると、母親たちに思いこませました。母親たちは時に無料で粉ミルクをもらいましたが、そのために母乳は止まってしまい、彼女たちは粉ミルクをもっと買うはめになりました。でも低開発国に暮らす彼女たちの多くは貧しく、十分な粉ミルクを買うことができずに、薄めたミルクを与えたり、きれいな水が手に入らないために不潔な水を使ったりしたので、赤ちゃんたちは病気になりました。メキシコの場合スペイン語圏ですから、英語で書かれた説明文を読めない人も多くて、まちがったミルクの作り方をして子どもに被害を与えた母親もいました。この不幸な話は、わたしがかつて暮らしたメキシコで、いまも語られています。

M：いまのアメリカは、母乳育児をとりもどしているんですね？

E：一応は、そうです。でも粉ミルク産業の宣伝力はほんとうに強いから、それにすっかり染まった世代の祖母も多くて、その影響が次の世代に及んでいます。わたしの友だちのお母さんは、グアテマラで一九七〇年代に出産したのですが、粉ミルクはアメリカ合衆国から来た科学的でいいものだと強く思い込んでいて、今もって母乳のよさを信じません。その人の娘であるわたしの友人は医者なのですが、母乳育児をしながら、「母は物差しと秤、つまり数字の信奉者になったのよ」と言います。

M：ものの言えない赤ちゃんたちと産後の不安を抱えた世界の母親たちが、資本の餌食にされてしまったんですね。粉ミルクボイコット運動は、どんな展開をしたんですか？

E：この運動は、ミネアポリスに拠点をおく「ベビーフード行動連合」（ＩＮＦＡＣＴ）とよばれる団体によって担われて、しだいにヨーロッパへも広がっていきました。その運動は力を増していく一方で、ついに合衆国政府、ＷＨＯ（世界保健機関）、ユニセフ（国際連合児童基金）からも支持を受けて、最終的に母乳育児の復権に大きな成果をあげることができたと聞いています。

M：なるほど、日本でも八十年代に入ったころでしょうか、粉ミルク育児を推奨する声が後退して、産科医療の領域でも母乳育児が復活したのですが、その背景にいまのお話にあった、欧米での粉ミルク反対運動があったんですね。

世界はこうしてつながっていることがわかります。資本の側は利害関係でつながっていますが、それに抵抗する人びとの側は、いのちの論理でつながっている。その力で赤ちゃんたちを粉ミルク資本の懐から取り戻した。覚えておきたい、心強い運動の成果ですね。

「宇宙の秩序を回復する」営み

M：もちろん、母体の事情で授乳できない母親もいます。かつての「もらい乳」という温かい習慣も消えました。エリザベスさんの言うように、母乳育児は安全でいちばんラクな方法ですが、一方で、この忙しい時代に母乳育児は負担が大きいという母親たちもいます。粉ミルク育児なら授乳を人に代わってもらうこともできるし、母親は身軽になれるから効率的だと。

E：効率を求めることで失うものは大きいと思います。わたしと夫は子どもに母乳を飲ませる行為を、冗談をまじえて「宇宙の秩序を回復する」と呼んでいます。つまり赤ん坊にとって、はじめて体験するまわりの世界は混沌としておそらく圧倒されるようなものでしょうが、そのなかでおっぱいだけは、なじんだ親しい場所です。

息子はいま日本でこうして親に連れられて旅をして、目まぐるしく変わる環境にありますけれど、おっぱいはいつも赤ん坊が帰っていくことができる、変わらない世界です。そして親の方もおっぱいの時間には、ふだんの慌ただしい行動のペースを下げて、ゆっくりと赤ん坊に主導権をもたせ、自分の落ち着きをとりもどすことができます。

M：効率本位のいまの世の中で、親も子もゆったりと安心した時間を過ごせる授乳の時間。人の自然な営み。それをエリザベスさんたちは、「宇宙の秩序を回復する」と、ユーモアと親しさをこめて呼んでいるのですね。

E：母乳育児は、母親の安心感だけでなく赤ん坊の安心感にとってかけがえのないものだと思います。とくに眠りに落ちるときには。眠りに落ちるときというのは、生きものにとって隙をみせる行為、つまりいのちにとって危険な行為だと思うんですよ。そのときにおっぱいをくわえている安心感の役割は、大きいものだと思います。

ところがアメリカの社会では、その習慣をつけてしまうとおっぱいがないと寝られない依存的な子になるよ、と非難する人がけっこう多いんです。そうかなあ、おっぱいを飲みながら眠るほど幸せなことはないだろうとわたしは思うんですが。おっぱいを卒業して大きくなってからも、子どもはきっとその安心の記憶に頼って生きていくんじゃないかな。安心できる錨《アンカー》の記憶につかまりながら。

M：エリザベスさん自身は、母乳で育てられたんですか？

E：そうです。アメリカ合衆国が粉ミルク産業に支配されていた時代に、母は、兄とわたしのふたりの子を母乳で育てました。それは先に話した粉ミルクボイコット運動が始まる以前、七十年代半ばのことで、まわりには母乳育児をしている人はいなかったそうです。ネスレが産院を制覇していた時代だったんですね。病院は、「母乳育児なんて労力の無駄ですよ」という態度だったそうです。しかし母はイギリス出身で、彼女のお姉さんがイギリスで子どもたちを母乳で育てた例を身近に見ていたので、自信を持って母乳でわたしたちを育てたのです。

　近くに相談する人がいなかった母は、ラ・レチェ・リーグ（La Leche League）という親のグループから助言をもらいながら、母乳育児をしました。そのグループの活動は、一九五〇年代に、イリノイ州郊外で七人の母親たちによってはじめられ、当時歓迎されていなかった母乳育児に取り組もうとする母親たちを応援する活動をしていました。このグループはいまも活動をつづけていて、何千もの支部をもつ国際的な組織に発展しています。すでに母乳育児をしたことのある母親たちが、支援や助言を必要とする若い母親たちを支えるという活動は、いまも変わりません。

医療のもつ問題とたたかう

M：いまのお話は、日本ではあまり知られていないのではないかな。ぜひ広く知ってほしい活動です。そういう先輩お母さんたちによる医療とたたかう努力があって、親子にとって自然な母乳育児が、やっと自分たちの手に戻ってきたんですね。

E：その通りですね。幸いなことにいまわたしのまわりでは、母乳育児を励ます環境が整っています。医療はこんなふうに、時流の中で変貌するのです。そして母乳問題に限らず、医療自体がもつ問題そのものは、いまもつづいています。

　わたしは医師をしている友人に、医療の考え方がこんなふうに急速に変わるのはよくあることかと尋ねたところ、彼女はこう答えました。「しょっちゅうよ！　閉経期の女性にホルモンを投与する治療の例を見てごらんなさい」と。この治療は、のちに乳がんに罹患する女性たちを生みだしました。

　実はわたしの母は、この治療の犠牲者なんです。彼女に処方されたホルモン剤が乳がんの危険を増すものだということがわかったのは、あとのことでした。さきの医師である友人が言うには、この治療が開発された一九四〇～五〇年代のアメリカ合衆国の社会を覆っていた考え方は、「戦争に勝ったのはテクノロジーのお蔭なのだから、テクノロジーを信頼しましょう」というものだったということです。恐ろしいことですね。アメリカの常識では、「戦争に勝つためのテクノロジー」といえば、要するに原子爆弾のことです。つまり原爆が、わたしの母を傷つけた医療実践の思想につながっているということです。すべてがつながっているなんて考えたくない時もありますが、こういうつながりを見るときには、つながっていることを感じます。

いまわたしにできることは、自分の本能的な感覚を信じることです。その感覚は幸いにも、子どもを持ってからさらに強くなりました。母やあなたの世代が持った疑問を引き継いで、自分の声をしっかり聞いていきたいと思っています。自分の本能によってすべてをやっていく赤ん坊を見ていると、わたしも同じようでありたいという気持ちになります。

赤ん坊をとりまく「自立の訓練」

M：母乳育児が復権したそのあとにも、他からのいろいろな干渉が母親たちを悩ませていると、さきほど言いましたが？
E：そう、母乳育児になったからそれでめでたしかといえば、必ずしもそうではありません。つぎつぎに向き合わなければならない問題が出てきます。そのひとつが、「正しい母乳のやりかた」という足かせです。いまの医療は母乳に対する意見を変えて、「母乳はナチュラルですばらしい」と讃美しながら、結局「母乳はこうやって与えるべきです」と、一括して上からものを言う態度は変えていません。「一回の授乳時間はこれくらいにするべき」とか、「何ヶ月授乳するべき」とか。
M：いつどれだけ飲めばいいかは、当の赤ん坊が誰よりもよく知っているのにね。赤ん坊より母親の方がわかっている、母親より専門家の方が正しく知っているというのは、思い上がりです。それが、単純なものごとを混乱させてしまうんですね。授乳ばかりでなく、赤ん坊のいわゆる躾けについても同じことがあるでしょう？
E：そうですね。アメリカ合衆国では、赤ん坊に「自立を教える」ということが強調されます。わたしとしては、幸せに母乳を飲んでいる赤ちゃんに「自立を教える」と意気込んでもねえ…、と思ってしまいますが（笑）。正直言うと、親の横暴と言う感じがしますね。というのはわたしの場合、授乳をコントロールしているのはわたしではなくて、赤ん坊のほうです。もちろん相手は赤ん坊ですから、親の思い通りにするのは簡単です。でもそうしたくないんです。
赤ん坊は、おとなが決めたこの世の規則というものに、興味もなければ気づくことさえありません。いつどこでどのくらいお乳を飲むかを、自分で決めます。それを決めるのは赤ん坊であって、わたしではありません。赤ん坊は本を読まないから、自分のやり方が間違っているかどうかなんて考えません。
牧子さん、あなたは以前わたしにこう言ったことがありますね。「子どもというものは規則から自由。規則に抵抗することで、ときにおとなを救っている」と。とても興味深くて、よく覚えています。でも世間では反対に、規則から自由な子どもに規則を覚えさせるのがおとなの仕事だという考え方が、圧倒的に強いものです。赤ん坊に「自立」を教えるとか。
M：具体的には、赤ん坊に対してどんな自立のトレーニングがありますか？
E：たとえば「スリープ・トレーニング（眠りの訓練）」とよばれる訓練は、ニューヨークではとても人気があって、とくに仕事を持っている母親たちに普及しています。要は、赤ん坊をひとりでベッドで寝入らせる訓練のことです。揺らしてもらったり、おっぱいをもらったり、あやしてもらったりせずに。アメリカでは、赤ん坊のときから子どもが自立するように親が仕向ける必要があると、強く考えられているのです。

　スリープ・トレーニングでは、就寝時間に両親かベビーシッターが赤ん坊をベッドに入れ、子どもが眠りに落ちるまで、いくら泣いても放っておきます。赤ん坊が何時間も泣き続けることもありますが、その間母親たちは泣き声が聞こえないように家から外へ出かけたり、ヘッドホンをつけて泣き声に耳をふさいだりして、子どもとかかわらないようにします。子どもが夜中に起きても、両親は子どもの相手をしたりせずに、枕で自分の頭を覆うなどして、泣き声が聞こえないようにします。たとえ心が引き裂かれるような思いでも、三日すれば、赤ん坊はベッドに入れても泣かないようになるから、と彼らは言います。

　でもこのトレーニングの効果がずっとつづくわけではありません。歯が生えてきてむずがゆかったり、やむを得ない旅行をしたりすれば、この習慣はかんたんに破られて、両親はその後また三日間の大泣きの時間に直面しなくてはならないのです。

M：生きものを機械に変える訓練みたいですね。もちろん、親子が生活していく上で、親の都合を子どもに押しつけて合わせてもらうことが多いのは、止むをえないことです。子どもはあとから来たんだから。でもそれを「子どものため」とか「正しいこと」と言いはじめると、上から下への一方的なつまらない関係になってしまう。そのときどきの事情に応じて、親子で折り合いながらやっていくしかないのにね。

E：幸いわたしは家で仕事をしているので、睡眠時間が不規則になっても大丈夫です。しかし外で仕事をしている母親たちはそうはいきませんから、「スリープ・トレーニング」は一般的です。そしてこの訓練ができない母親は弱い人間だという受け止め方があります。だから、このトレーニングをしない人はなぜか、「わたしはやりたくない」と言わずに、「わたしにはできない」と言います。「わたしは弱い人間だからできない。赤ん坊のために良い訓練なのに」という意味です。

　わたしがいつも思うのは、赤ん坊の側にだっていろんな事情があるじゃないかということです。うちの子を見ていると、昼間の過ごし方によって眠り方が大きく変わります。そういう毎日の変化に、子どもは自分で対応しているのではないでしょうか？　でもアメリカ合衆国では一般に、赤ん坊にきまった習慣を持たせようとします。わたしはそれが得意ではありません。起こることは毎日ちがいます。

M：ニューヨークで流行しているというその「スリープ・トレーニング」って、親の権力で子どもを一方的に支配する姿の典型ですね。スマートな姿をした強引さというか。せっかく出会った親子なのに、仲よくなろうとしないで一方的に子どもを屈服させようとしている。ニューヨークで流行しているその非人間的なトレーニングがもし日本でも盛んになったら、日米ともに国は滅んで終わり、とさえわたしには思えますよ（笑）。

子どもと仕事と

M：ここまで、エリザベスさんが母乳を通して見えてきたことを中心に話してきましたが、こんどは子どもをもった女性が社会で働き続けていくときの課題について、母乳問題を含めて話したいと思います。「子どもか仕事か」ではなくて、「子どもと仕事と」が当たり前だとわたしは思います。古今東西、それが自然なことでした。

でも、いまの社会で子どもを育てながら仕事をしていこうとする女性にとっては、母乳育児がなかなかむずかしくなっているのが実情です。出産のあと仕事に復帰する女性たちが、子どもを職場に連れていくことができない。それで子どもを人に預けて職場復帰すれば、どうしても哺乳ビン育児に頼らざるを得ません。授乳できなければ、母親のお乳も止まってしまいます。かといって母乳育児のために長い育児休暇をとれば、職場に戻りにくくなるし、仕事上の立場も不利になってしまいます。このあたりをどう考えていますか？　母親になった女性の働き方について、どんな問題が見えていますか？

E：仕事か子どもか、という選択はあまりに不可能な気がします。どちらかだけではない。わたし自身は、いま家で子どもの世話と仕事をしながら、この先どんな働き方をしていこうかと考え中です。できるだけ、子どもといっしょにいたいと思いますね。

わたしの友人に、お医者さんをやっている一児の母がいますが、彼女は子どもを背中に背負って患者を診たいものだと言っています。ほんとうはどんな働き方が親子にとっていいことなのか。わたしたちは過去からも学びながら、長い目で働き方を考えていかないと。

M：母親と子どもにとって無理のない職場は、男性や子どもをもたない女性にとっても働きやすい。障害をもつ人たちや、高齢者にとってもおなじでしょう。

E：それと、さきほど話したように、いまは堂々と授乳できる世の中になっていないことがもうひとつの問題です。どこか、こそこそしなくてはならない雰囲気があります。そのこと自体が、女性問題の大きさを照らしだしているのではないでしょうか。母親が授乳する姿に人びとが戸惑う空気があるし、授乳の姿を何となく嫌がります。

お乳をあげるときに胸と赤ん坊を隠すための授乳ケープというものがあるんですよ。まるで恥ずかしいことをしているみたいに。公の場で授乳がもっと普通に受け入れられるようにならないと、女性も子どもも生きにくい。いま、外の仕事を続けながら子どもに母乳をやり続けることは、とても難しいですね。家で母乳を搾って冷凍したり。それをやっている女性たちはほんとにすごいと、わたしは思います。子どもと離れているときのためにお乳を搾って保存するのは、二倍の仕事をすることになるんですから。

いまアメリカ合衆国では、会社のオフィスには母親が搾乳するための部屋がなくてはならないという法律ができました。また、あたらしい健康保険法によって、母親は電動の搾乳機を無償で入手することができます。そうした条件整備は、もちろん役に立ちます。でもより自然な方法は、母親たちが赤ん坊の近くで働きながら、必要なときに堂々と授乳できることだと思います。

M：それを妨げているのは、能率本位の仕事の考え方ですね。

E：そうです。子どもといっしょにいると、おとなのペースはスローダウンしますが、それは実は働くおとなたちへの、子どもからの贈り物かもしれません。自分を例にとれば、わたしは子どもにおっぱいを飲ませるのが好きですが、それは自分がゆっくりになって、ものを考えられるからです。

堂々と授乳できる世の中からはじまる

M：なるほど、子どもの世話係をふやして親子を分ける方向ばかり追い求めないで、効率は落ちても子ども連れで働ける世の中を模索する考え方を持つことが必要ですね。そういう働き方は過去にずっとあったし、そのことを忘れたくはない。これは、仕事とは何かを考え直すことにもつながります。

E：そうですね、たとえばペルーの市場では、野菜や果物を売っている親のそばに小さな子どもがいっしょにいる風景は当たり前です。それを遅れた社会と見るのは当たらない。働くおとなと小さな子どもを分ける仕組みを充実させるのが進んだ社会だと考えて疑わないのは、狭くて誤った考え方ではないかと思います。

M：かつては、おとなの働く場には子どももいるのが自然なことでした。それは昔のことで今はムリ、と頭から決めつける人もいるでしょうが、そうとも限りません。わたしの夫は小さな研究所を運営しているのですが、電車通勤をしているスタッフの女性のひとりが、三歳の女の子を職場につれてくることがあるそうです。その子は、なるべくおとなの邪魔をしないように遊んでいて、働いているおとなたちは、仕事をしながらときどき自然に声をかけたりしている。あるときその子が「ママの会社、すき」と言ったと聞きました。なるほど、子どもに愛され褒めてもらえるおとなの職場っていいなあと思いましたよ。

E：それはいいお話ですね。

M：子どもとおとなが仕事場にいっしょにいる世の中を工夫していくと、人が働く様子も働く意味も、今とは変わってくるでしょう。そんな夢みたいなことと人は言うでしょうね。でも、他の文化や過去から学びながら意識を変えていくことがだいじだし、まずできるのは、そのことです。

意識が変わってきた例をひとつあげれば、かつてわたしが子どもを産み育てた時代には、妊婦はマタニティーウェアと称する服を着て、お腹を隠すのが当たり前でした。大きなお腹を突き出して街を歩くなど恥ずかしいことと考えられ、そういう人はほとんどいなかったんです。まるで妊娠は恥ずかしいことみたいに。

でも最近は、大きなまるいお腹を堂々とTシャツやセーターに包んで街を歩いている人を、よく見かけるようになりました。エリザベスさん、あなたもそうでしたけれど。その光景を見ると、ああ妊娠を隠すことから解放されてきたな、とわたしは嬉しくなります。意識を変えていくことが、世の中の変化を進めていくんですね。

E：たしかにそうです。日頃ふつうに使っている衣服を妊娠中の女性も使うというやり方があるのに、どうして妊娠期や育児期に、別の服を買わなくてはならないんでしょう。便利な赤ちゃん用品もたくさん用意されていますが、用途が赤ん坊に限られているので、短期間しか使えません。

M：ものを売る側は、少しでも多くの商品を買わせようといろんな仕掛けをするのですね。妊娠中、授乳中、乳児用、幼児用とどれも短期間しか使えないけれど、そこが狙い目なんですね。「どんどん捨てて、つぎつぎ買って」というのが、消費社会の呪文ですから。

E：メキシコや中央アメリカの地域には、伝統的に広く使われているウィピール（Huipil）とよばれる女性用のシャツがあります。ゆったりと両脇があいていて、子どもを世話するときにとても使いやすいのです。でもウィピールはけっして、授乳用のとくべつな服ではありません。ただ女性が伝統的に着る服です。そして女性が伝統的に着る服が、そのまま授乳にも適している、というのは自然で理にかなっていると思うのです。

一方、アメリカでは授乳用のシャツが売られていて、着てみるとたしかに便利です。けれど本当は授乳というのは自然な生活の一部のはずで、とくべつな服を着なければならない、特殊な作業ではないはずです。それなのに、まるで珍しい器具を買うように授乳用のシャツを買い、ふだんの生活とは別の格好で授乳しなければならない、というのは、ほんとうは変な話です。まるで、育児期の女性はふつうの生活の範囲に入っているのではなくて、そこから脱線している存在みたいですね。私は友人が贈ってくれたウィピールを、そんなことを思いながら着ています。

M：そういえば日本の着物も、打ち合わせを変えながらいつでも着られます。妊娠中でも産後でも、太っても痩せても。それに、仕立て直して祖母から母へ、また娘へと引き継がれます。のびのびとした賢い生活文化です。妊娠中、育児期、老年期、いつだって人はそれぞれ現役です。どこかから脱線しているのではなく。つながっているし、巡っている。

妊娠中のお腹を突き出して堂々と歩く人たちが増えてきました。心強いことに。隠す必要のないことです。次には人なかで堂々と授乳できる世の中にしていきたい。そのときようやく女性が解放されて、子どもを持つことが自然な生活になっていくでしょう。そんなことムリと、初めからあきらめたくはないですね。

こうして授乳について話していると、その場所からも、わたしたちがめざす世界がみえてきますね。

老いと死、葬送と再生

失われた世代間の学び

M：ここまで母と子の日々を中心に、いろいろな問題を話してきました。異なった世代と文化にいる者どうしで話し合っていくと、ふだん忘れていることに気づき、思いがけない発見をします。授乳の毎日から生まれるエリザベスさんの問題意識から、わたしも多くのことにあらためて気づきました。

こんどは、老いの位置にあるわたしが、いまの場所から見える老いと死の問題について話してみましょう。おそらくわたしたちふたりが生きているこの時代に共通した問題を、わたしはエリザベスさんの裏側から考えることになるでしょう。

E：いまこうしてわたしたちふたりは、幸いにも考えを交し合う場を持っていますが、最近の世の中では、異なった世代の人が話し合う機会がとても少なくなってしまいました。世代が分断されて、若い人は若い人どうし、年配者は同年輩の人どうしと話し、異なった世代の人たちと話す機会があまりありません。年齢の近い者同士で話すのは親近感を味わえますからそれもだいじなことだと思いますが、一方で、視野を広げて別の角度からものを考え深めることができません。

わたしがかつて暮らしたラテンアメリカの国々では、異世代の人たちが一緒に過ごす場面がたくさんありました。でも、いま住んでいるアメリカ合衆国では、そういう場面が急速になくなりつつあります。日本に来ると、アメリカ合衆国よりは年代の異なる人の関わりかたが多様だなと感じます。

M：そうですか。日本でもやはり人が年代によって分けられる度合いが進んで、暮らしの環境は貧しくなっています。わたしの子ども時代や少女時代には、まわりにいろいろなおとなたちがいたので、その人たちの様子を見たり話している言葉を聞いたりして覚える機会が、いまよりもずっとたくさんありました。携帯電話などもちろんなく、一家に一台または数軒に一台の固定電話でしたから、おとなが電話をかけている言葉をそれとなく聞いていて、「なるほど、ああいうふうに言うのか」「敬語はこう使うのか」などと聞き覚えていったものです。「ああいう言い方はいやだな、したくないな」という反面学習を含めてね。

E：老いや死についても、子どもや若い人が見聞きする機会がたくさんあったのでしょうね。

いまは情報があふれている時代と言われますが、身体を介した生きた学びは失われています。何かを得ればその分だけ人は何かを失うのかもしれませんが、生身の関係が乏しくなったことはとりわけ大きな損失だと思います。

虹のアーチを辿る一生

M：七十代半ばを過ぎて見えてきたことですが、老いた者と幼い者は、ある意味でよく似ているのではないでしょうか。そのことはこの本のタイトルにも示されていますし、わたしのエッセイのなかでも触れました。老幼とか老小とふたつを並べた表現も、昔からあります。

生まれて間もない者と間もなく死んでいく者の共通点のひとつは、「間もない」というところですね。かたや子どもはこの世に姿を現して間もないし、かたや老人はこの世から間もなく姿を消す存在です。わたしはいのちについて、地面から立ち上がるイメージを持っています。植物が芽を出し枯れていく姿のように。

老人も幼な子も、地面に近いところにいるのです。そして両方とも、体力をあまり持ちません。幼い者は「まだ」弱く、老いた者は「もう」強くはない。老と幼の行動範囲は狭く、周りのものをよく見て過ごし、自分の身体に近いところで暮らし、ときに人の助けが必要です。そして似た者どうしおたがいに親近感を抱きあいます。

わたしにとって人の一生のイメージは、空に弧を描く虹のかたちをしています。生まれた地面から立ちあがり、体力や活動力の高みに向かって登り、やがてふたたび地面に向かって降り、地に還る半円のかたちです。幼い者はまだ虹のたもとにあり、老いた者は反対側のたもとに身を置いています。おたがいの距離は離れていても両者は同じ高さのところにいて、おたがいの姿が良く見える。そして同じような目線から、同じような風景を見ているのではないでしょうか。

歩いた長さをみればお互いは両極の位置にいますが、身を置く高さは似ている。両方とも、土つまり自然に近いところにいて、自然に対して仲間感覚を持っている。その位置が幼と老の共通地点だと思います。

E：なるほど。今回の訪日で沖縄を訪ねしばらく滞在したのですが、お年寄りが九十七歳になったとき、かざぐるまをもらう習慣があると、現地のかたから聞きました。かざぐるまは幼な子のおもちゃの象徴ですから、老いてまた幼な子に還る、幼な子の純粋さに還るという意味で、いまおっしゃった虹のたもとに還るということと重なる気がします。沖縄のその習慣は、老いを避けたり否定したりせずにむしろ祝う、温かい行事だと思います。

M：幼い者も老いた者も、自然から遠く離れた高度な活動や、たくさんの仕事はできません。ですからどちらも、地面つまり自然というものを身体で感じとる力に恵まれているのでしょう。たとえば春風が吹くころになると、どこからか子どもたちがわらわらと湧き出すように集まってきて外遊びを始めますし、気候の変化に敏感な老人たちは、「膝の痛みが取れたから、あしたは梅雨が明けるかな」などと言い合います。高度な文明に覆われた社会にあっても、幼と老は、人が自然とともに生きているという生き物性を、より多く身体に宿しています。

ふるさととしての土

M：土に近いと言いましたが、わたしのはじめての子どもが生後半年を過ぎたころ、最初に彼が土に触ったときの光景をいまでもよく覚えています。やっと這い這いができるようになったばかりの息子が、初対面の土に夢中になり、地面を触り続けて喜ぶのです。まるで「そうそう、これを探していたんだ。やっと出会ったよ！」とでもいうような、歓喜あふれる様子で。そうか、土は人間の拠りどころ、なくてはならない大切なものなんだなと、そのときに思い知らされました。

土から生まれて土に還る。人の一生は、虹のかたちに弧を描くというわたしのなかの絵は、その印象深い体験とも関係しているのかもしれません。

もうひとつ、子どもと土に関して忘れられない場面がありです。それはもうひとりの息子―それはいまのあなたの夫のことですが―が五、六歳のころのことでした。玄関で「ただいま」と小さな声がするので出てみると、全身真っ黒に泥でおおわれた子どもが立っていました。冒険をやりすぎて叱られるかなと思って、小さな声になっていたのでしょうね。子どもはまるで墨汁に浸かったこけしのようで、どちらが顔かもわからない。「お母さん」と声が出てくるので、そこが顔だとやっとわかるありさまです。風呂場で頭からシャワーをかけると、中からいつもの子どもが出てきました。聞けば、近くの工事現場に土が積んである山があったので、友だちとその山に水をかけて上から滑り降りて遊んでいたそうなのです。どんなにワクワクと楽しかっただろうと、わたしも嬉しくなって大笑いしました。工事現場のかたたち、お留守中にごめんなさーいと思いながら。

いま身近にいる孫たちや子どもたちを見ていても思うことですが、子どもはほんとうに泥遊びが好きです。土から元気をもらっている。すぐ裸足になって。

E：土で遊ぶのは、わたしも大好きです。息子はまだとても幼いのですが、やはりどろんこや石、苔や葉っぱが好きですね。彼はそういうものを手の中に集めて顔を近づけ、じーっと見つめます。まるでその中に宇宙があるかのように。ただ、ニューヨークの街なかでは、赤ん坊をじかに座らせることができるきれいな土が少ないのが残念です。

赤ん坊たちは、ものの真髄を見透す透視力を持っているんじゃないかと思うことがありますね。お年寄りもきっと同じではないでしょうか。

こんなことがありました。先日息子と一緒にわたしの友人の家を訪ねました。その家はたくさんの家具や本、レコードや電気機器などで溢れていました。でも息子はそこで、三つのものにしか興味を示しませんでした。植木と、猫と、小石がたくさん入ったお椀です。彼はまるで猫にプレゼントをあげるように、お椀の中から小石を取っては運んで、猫の足の前に置くことを繰り返しながら、その日の午後を過ごしていました。彼はおもちゃよりも、鳥や犬、猫などの生きものを見て喜びます。そのときの様子は、彼が音楽を聞いたときの様子を思わせます。音楽が鳴ると彼はすぐに手をたたき、全身で反応します。音楽も土とおなじく、生まれてから死ぬまで、あらゆる年代の人にとどく力を持っているのでしょうね。

高くて見えなくなった虹のてっぺん

M：虹の橋の話にもどりましょう。いま虹の上方は、現代文明の支配する世界です。人は働き盛りの時期に、虹のてっぺんのあたり、つまりテクノロジーの支配する世界の頂点に達します。そこは土＝自然からもっとも遠い地点です。

半世紀ほど前までその頂点はそれほど高くなく、遠くではあっても地面から眺めることができたでしょう。子どもはおとなの働く様子を眺めて、その世界の素朴なテクノロジーを、それなりに理解できたのです。漁師の人たちや大工さんの仕事を眺めたり、農作業や台所の手伝いをしたり。かつての子どもは——わたし自身もそうでしたが——いまにおとなのような道具を使い技術を身につけたいと、ときに憧れながら、おとなの仕事を見ていたものです。

ところがいまは、暮らしを支配するテクノロジーがあまりに高度化して、おとな自身すら殆どの人が、自分の使っているコンピュータを初めとする道具の仕組みが理解できません。子どもはなおのこと、おとなの仕事を目で見て学ぶことができなくなりました。働く人間の姿を見る代わりに、マニュアルを読まされるのです。

虹のかたちをした人生の例に当てはめれば、虹の頂点が地面から見えないほどの高さになり、はるか彼方に遠ざかってしまったということです。頂点ははるか遠くに霞んで、どんな姿をしているのかさえわからない。だから子どもは登り方を自分の目で確かめることはできないし、いったん上り坂を通過して高みに登った年老いた人びとは、あまりに離れてしまった地面への降り方がわからない。人が育つことと死を迎えることの両方が、困難になったのだと思います。

E：なるほど。見えないほど高いテクノロジーの世界という表現で、思い浮かべることがあります。わたしがいま小さな赤ん坊と暮らしていて感じていることなんですが、子どもはわたしが掃除をしたり料理をしたり、目で見てわかる仕事をしているときは、わたしの傍で落ち着いて自分の遊びをしています。ところがわたしがパソコンに向かって仕事を始めると嫌がってぐずり、手がかかるようになるのがいつものことなんです。なんだかわたしが別の世界に行ったような感じがするのかもしれませんね。きっとわたしの顔つきも、洗濯物を干しているときとは違って険しくなるのでしょう。

M：赤ちゃんは、地面にいる自分と、高すぎるところに行ったお母さんがつながらなくなる感じを持つのかもしれませんね。逆に、赤ちゃんとは反対側の虹のたもとにいる老いた人たちは、虹のアーチをゆっくり歩んでまた地面に還っていくという、おだやかな人生を奪われています。降り方がわからず若さにしがみついて死を見ないようにしながら不安のなかで亡くなっていくとしたら、それは虹のかたちの橋から悲惨にも墜落するようなものです。下が怖くて目をつむったままで。しかも落ちる先は土ではなくコンクリート。

最近の日本では、「認知症」というわけのわからない診断名をつけられたお年寄りが年間に一万人も行方不明になっていると報道されているのですが、そのニュースに接するたびに、「土を探しに行ったんじゃないかなあ」という言葉が、わたしには浮かんでくるんです。

若い人たちも、地面からあまりに遠ざかった文明の高みで働かなくてはなりません。若くてもやはり足場が心もとなく、不安定にちがいない。先も見えないし。足を踏みしめることができない空中で、若者や子どもが元気を失っていくのは当然のことではないでしょうか。

死を迎えること、死者を弔うこと

M：ところでエリザベスさんはラテンアメリカの国々で共同体を維持している人びとの暮らしに接してきた体験をお持ちですが、その国々の老いや死、弔いはどのようなものですか。

E：わたしはラテンアメリカで、田舎暮らしをたっぷり経験しました。ラテンアメリカに限らず、田舎の暮らしは都市の暮らしとは大きく違います。まず老いについてみれば、歳をとっても年齢制限なく畑で働くことができます。土、自然はおっぱいとおなじで、人に応じて仕事を恵んでくれるので、老いてもそれなりの仕事にふれることができるのです。

M：一生なんらかの仕事があるのは、人にとってとてもだいじなことですね。

E：その通りです。老人はまた、畏敬の対象でもあります。たとえばメキシコの社会では、老人というのは人生を習得し、ときに魔術的な力をもつ人と見なされる上、死後の世界、あちら側の世界とつながりをもつ存在として畏れられる面も持っています。老人は畏怖（awe）と尊敬の対象なのです。わたしにとってラテンアメリカと日本は、老人を「失われた世界とのつながりをまだ持っている人」として尊敬する点で似ています。たとえば、日本では「おばあちゃんの知恵袋」と言いますよね？その袋の中の知恵は必ず、近代化以前の知恵です。おばあちゃんは近代化以前の、いまは失われた世界とつながっている、という感覚があるように思います。

一方、いまわたしの住んでいるアメリカ合衆国では、老いは尊敬するものではなくて、避けるものになっています。合衆国では、年寄りたちに向けて、「重荷（burden）」とか、「使い道がない（useless）」という心ない言葉が、しばしば使われます。そして、若い人たちにとっての重荷にならない、自立した老後ということが言われます。アメリカには老人ホームや老人コミュニティーが多いのですが、その宣伝文句は「老人たちに自立した生活を提供します」というものです。家族から切り離されてヘルパーさんに囲まれた生活を自立と呼ぶのは、先ほど話に出た「子どもの自立」と同じように妙な感じです。ともかくそのような環境の中で、アメリカの人びとは若さに強く執着し、年をとることを嘆きます。

M：実は日本も、それに近い状態になってきました。ラテンアメリカで死者を送る儀式はどんなものですか。それも死についてのとらえ方を表すものでしょう。なにごとも商品化されていく日本では、お葬式も葬儀屋さんの商売にまかせる消費財となってしまいました。とくに都市部ではそうなっています。
　一方で形式化した葬儀を拒んで、葬儀をしない風習も広がっています。どちらも死者とのつながりが薄れている風潮の表れです。もちろん日本のなかにはさまざまな地域の風習や暮らし方がありますから、日本の風習と一口に言うことはできませんけれど。

めぐる生命という知恵

E：メキシコでは、死者はとても重要な存在と考えられています。根本にあるのは、死者はいなくなったのではない、いまもいっしょにいるという感覚と考え方です。だから死者と再会する行事を、とてもだいじにしています。

　メキシコでは、毎年十一月一日前後の三日間を、死者の日(Day of the Dead) と決めています。そしてどこの家でも大きなお祭りをします。十月三十一日はとくに、死んだ子どもたちの日とされています。その三日間、家の中に美しく飾った祭壇を作って先祖や最近亡くなった親戚友人を祀り、その人たちの写真と好物の食べ物を供えます。居間を埋めつくすほどたくさんの花や食べもの、飲みもの、甘いお菓子、喫煙していた人なら、故人が好んだ煙草も供えられます。

　飾りつけやお菓子には、ユーモアのある頭骨や骸骨のような図柄が、多く使われます。

ラ・カトリーナ

よく使われるのは、「ラ・カトリーナ」という名で知られる女性の骸骨の図柄です。そうやって、死は深刻なものでなく、いっしょに笑ったり、踊ったりできるものとして描かれます。死は生活と切り離されていなくて、むしろ生活の一部なのです。
M：死が人を遠くに引き裂くものとしてではなくて、再会する近しいものとして受け止められている印象がありますね。
E：今回の訪日で沖縄に滞在していたとき、四月の初めに清明《しーみー》の日というお祭りが沖縄にあることを知り、行ってみました。それはお墓に親族が集まってゴザを敷き、お重やお酒を死者に供えてみんなでご馳走を食べるお祭りで、メキシコの死者の日のお祭りとよく似ていると思いました。祖先を供養しながらみんなで楽しむ集まりですね。死者たちは生きている人びとをそうしてつないでいるのでしょう。

M：死や死者を忌むものとしてではなく、生まれ変わるいのちに向けてのお別れととらえるのですね。いのちはめぐるものというとらえかたです。

文化人類学者の原ひろこさんが滞在されていたヘヤーインディアンの社会では、人は亡くなったあと、生前親しかった人たちのもとをめぐり歩き、霊魂は再びこの世に生まれるべく旅につく。そう原さんは書いておられます（『ヘヤー・インディアンとその世界』平凡社）。また、死ぬ時をさとり、そのときを自分できめるということです。

やはりヘヤーの社会に滞在されたことのある研究者の故青木やよひさんも、かつてそう話しておられました。あるお年寄りはまわりの人たちに、「あした、あの丘の上に集まってね。そこでわたしが死ぬから見送って」と言って、その通りに亡くなっていかれたということです。亡くなってもまた戻ってくる、そしてふたたび生まれ変わるという考えが、老いや死を恐怖から遠ざけ、安らかなものとしているのでしょう。

土から生まれ土に還る、または水から生まれ水に還るといういのちの描き方を、わたしは虹のかたちに託しました。土も水もまた、再生の力の源だとわたしは思っています。木の葉は地に落ち腐葉土となり、水を得て若い芽を育てますし、種や実は土のなかで次のいのちの準備をして新しい芽を生み出します。ほかの生きものも、土と水そして日の光をベースにして、いのちを循環させています。

わたしは人が生まれ変わるという実感は持っていないのですが、いのちはめぐるものという感覚を持っています。その感覚は、晩年の日々を安定させてくれるように思います。

土に近い日本の住文化

M：さいごに、エリザベスさんが今回赤ちゃん連れで日本の日々を過ごして、印象的だったことを聞かせてください。とくに日本の文化に関して。

E：第一に、家のつくりかた、住みかたがすぐれているということです。とくにたたみとふとんの知恵はすばらしい。柔らかくて心地よく、自由な使い方ができますし、安全で赤ん坊やお年寄りにやさしいテクノロジーです。転んでも危なくないし、ベッドのように落ちる心配もありません。

わたしはユニットバスも好きです。湯船のそとに洗い場があって、お湯が流せる作りになっているからです。日本のみなさんは驚くと思いますが、西洋式の風呂場では、湯船の外はただの床です。だから赤ちゃんを洗ったあと、濡れた床をモップで拭かなければいけません。猫足のついた風呂桶がタイル張りの床に置いてあるだけのことも多く、老人や身体の弱い人たちが脚を上げて風呂桶の中に入るのに苦労します。日本にいて感じることは、すぐれた住文化はみんなが使える生活空間を作るということです。つまり、幼い人、老いた人、健康な人、病気の人など、みんなが使える空間を。

M：赤ん坊や年寄りが住みやすい家は、障害をもった人や病人も住みやすいということですね。日本のお風呂の長所は、いま言われるまで気がつきませんでした。

E：西欧の人たちは、家のなかでも靴をはいています。靴は歩ける強い人たちのためのもので、赤ん坊や年寄りのものではありません。靴をはく家でわたしが赤ん坊を床に置けば、それは道路に置くのと変わらないのです。

　家のなかを清潔にして素足で過ごす日本の住み方はとてもいい。日本中の人がそのやり方を共有しているから、家の中で靴をぬぐ共通の暮らしが成り立っているんですね。もしそれぞれが自分で選び自分で決める考え方のもとで、わたしは靴組、わたしは素足組とバラバラな暮らし方をしていたら、家の中で靴をはかないという日本の住文化は成り立ちません。みんなが心から納得しているから成り立つことですよ。

M：なるほど、これほど日本の社会が西欧化されたのに、家の中でも靴をはくという西欧の住文化には、まったく影響されていないということですね。そういえば家の中で靴をはいて暮らしている日本人を、わたしはひとりも知りませんよ。西欧文化にあこがれている人でも、靴を玄関で脱ぎます。それがあまりにも当たり前です。その習慣はたぶん、強い力をもった伝統と、暮らしに深く根を張った感覚に支えられているのでしょう。

　靴って、土から身体を離すものですね。土を拒んでいる道具です。土つまり自然を克服する象徴みたいにも思えます。逆に藁でできたたたみの上で靴をはかずに住んでいるというのは、無防備で、土に近い暮らし方なのかもしれません。わたしが人の一生を土から立ち上がる虹のかたちにたとえて、幼い者は土から生まれ、老いて土に還ると考えてきたのも、自分の国の暮らしかたと無縁ではないのかもしれません。

老いの安心、幼なの希望

M：さて、そろそろ終わりましょう。住む場所、年代のちがうわたしたちですが、尋ね合い通じ合って、たくさんの話を楽しむことができました。

　人は地平に生まれ、虹のかたちの橋をわたって、また地平に還る。この対談を始めたとき、わたしは人の一生の姿をそんな半円のかたちに思い浮かべていたのですが、対談が終わるいま、半円の虹のかたちが地中でつながって円になり、あたらしいいのちが次の円に向かって始まるという絵に、しだいに変わったことに気づきます。

　人の一生を、自分限りの一本の線とイメージすると、老いと死はゼロ、無、虚に向かいます。一方、自然のなかのひとつの存在としていのちを思い描くとき、次の世代へとつづく循環の絵が浮かんできます。メキシコの人びとの老いと死についてエリザベスさんのお話を聞きながら、そこに深い知恵を感じたことも、わたしにより豊かなあたらしい絵を導きました。

　育ちゆく幼い者への希望と、去りゆく老いた者の安心を探しながら、それぞれの場でできることをつなげていきたいですね。

（了）

（この稿は二〇一四年春、奈良での対談がもとになっている）

幼なの世界、老いの風景

エリザベス・コール

Nayarit México

メキシコの太平洋岸。私の友人(十一歳)が、生まれたての彼女の甥っ子をスカーフでくるむ。

日射しが赤ちゃんに当たらないように、体で覆いながら。


この男の子は私にとって、初めて抱いた新生児だった。

二十歳の私は、彼が泣いた時どうしたらいいか、全くわからなかった。

赤ん坊のあやし方を覚えたのは、自分の息子が生まれてからのこと。

母親になる方法は、自分の子どもしか教えてくれないのかもしれない。


息子は私の世界を再編成して、私に新しい軸をくれた。

彼を中心軸に回っていると、その軌道の外にある世界のことを忘れてしまいそうになる。

でも、自分の世界が小さくなってしまうことには抵抗したい。

自分の子どもがいるからといって、他の子どもたちのことを忘れたくはない。

子どもがいない友人たちは、私に酸素をくれて、外の世界のことを思い出させてくれる。

彼らは毎日の生活や家族という日常の深みの水上に、シュノーケルを上げているのだ。

Puebla México

ドーニャ（「夫人」「おばさま」の意の敬称）・アンセルマが、彼女の村を囲む火山帯を登っていく。この火山帯のあちこちにある聖なる場所でのお祭りに、私は彼女と何度も登っていったことがある。

私が目的地まで登っていけるのは、彼女の後を追っていくから。誰と歩くかによって、足は重くも軽くも感じるものだ。祖母たちは静かに、下の世代を運んでいく。私たちの出発をうながし、歩いていくリズムが私たちの骨の中に入るまで、私たちを先導して行く。

訪れる登山者たちは、登山靴や高価なアウトドア用品に身をかためて来る。でも布製のスニーカーを片方だけ履いたドーニャ・アンセルマは、彼らを追い抜く。本当に片方だけを履いて、もう片方は裸足。なぜかは知らない。砂を足の裏に感じるためだろうか？　ここの黒い砂は、日光の届く表層は温かく乾いていて、下のほうは冷たく湿っている。

ドーニャとはメキシコで使われる、年配の女性への敬称。アメリカで誰かを「おばさま（マーム）」と呼んだら、相手は「失礼ね、そんなに年寄りじゃないわよ」と嫌がるかもしれない。メキシコでは、ドーニャは長く充実した人生を生きた人への敬称。実績に与えられる称号のようなもの。

私の息子は命令に従わない。ドーニャ・アンセルマもだ。彼女は踊り、お酒を飲み、悪態をつき、雌馬のように立ち小便をする。彼女は玉ねぎを買い、市場で転売する。娘、孫娘たちと住み、家に男性はいない。

親族に囲まれて、
娘婿の家の中庭に座るドーニャ・アンセルマ。
メキシコでは、幼ない者と老いた者は一緒にいる。
祖父母は赤ん坊を寝かしつける。
孫は祖父母が起き上がるのを助ける。
みんな一緒に昼寝をする。

アメリカでは、まるで老いた者たちは消えていくようだ。
古い写真のように色あせて、姿が見えなくなっていくように。
透明人間になったように感じる老人もいるらしい。
店に入っても店員は気づかない、と言う。

Puebla México

私の息子が歩いていても、
背が小さすぎるから、
多くの大人は気づかない。
息子は、とてもゆっくり歩いたりする。
彼には時間なんてたっぷりあるのだ。
そして老いた者と同じく、ぶつかると簡単に転ぶ。

私自身も息子が生まれるまでは、
赤ん坊たちにあまり気がつかなかった。
赤ちゃんがどれほど独特な、おもしろい存在であるか、わかっていなかった。
「赤ちゃん」という一般像だけがあった。
前だけをまっすぐ見ている多忙な大人たちには、
虹の始まりも終わりも見えない。

Paria Venezuela

現地の友人の赤ちゃんが、暖かな熱帯のそよ風に揺れる蚊帳の中で寝ている。

通りがかりに見ると、まるで雲の上にいる天使のよう。


育児の本をたくさん読んだ今では、この写真を見ると危ないと感じる。ベッドから落ちるかもしれない、と。

でもお母さんはいつも、この子が目を覚ます直前に部屋にやってきて、目が開くのを待っていた。


妊娠中、たくさんの本を読んだ。

でも過剰な情報と「安全」の強調が、直感を押し潰す気がする。

幸いなことに、育児に関する数々のアドバイスは矛盾していて、守ろうと思っても守れない。

だから結局は、直感頼りになる。

山のように積み重なった数々の意見の下から、
直感を掘り出すのが大変なこともある。

でも、母としての直感を弱らせることは、どんな危険より危険だろう。

何かを怖がる気持ちが鳴り響いて、
自分の声が聞こえなくなってしまうこともある。


アメリカでは、添い寝は危険とされている。

それでも添い寝をする人は多い。

ベッドの中で赤ちゃんは、母親の体に磁石のようにくっつく。

眠っている時、彼は賢い。

赤ちゃんたちは幸い、育児本なんて読まないのだ。

初めて日本に来た時、息子は突然よく寝るようになった。布団なら寝返りを打っても、ベビーベッドのように柵にぶつかって起きることなく、どこまでも転がっていくことができる。息子はもともとベビーベッドが嫌いで、私も檻に入れているようで嫌だった。

ベッドで添い寝をすると、息子が落ちるのを私は心配してしまう。布団なら心配がない。畳の部屋なら、さらに心配がない。柔らかな表面が受け止めてくれる。老人たちにも良いだろう。老人たちもベッドから落ちて、怪我をしたりする。そう考えると、畳の暮らしが千年以上も受け継がれてきたのは当たり前。生まれてから死ぬまでを、受け止めてくれるのだから。

日本の空間は、私にとってはオアシスだ。靴に踏まれたことのない床には、安心する。息子がどこを這い回っても清潔なのだから、リラックスできる。牧子さんは、どんなに西洋化された日本人でも家の中で靴を履いている人は見たことがない、と言う。西洋化の波よりも強いものがあるのだろう。私は今ではアメリカでも家の中で靴を履かないので、室内で靴を履くなんて変とすら感じる。

日本の空間の中だけでなく、日本の文化の中に安心を感じることもある。日本の友人たちがアメリカ人と違う暮らしをしているのを見ると、私自身の文化の流れに逆らう自信が出る。よその文化を身近に見ると、よそのお母さんは自分のお母さんとは違う風にお茶を入れる、ということがわかる。

アメリカでは、「両親は赤ちゃんになるべく話しかけるべき」とされている。「読み聞かせは生まれる前から始めるべき」とも。だから生まれたばかりの息子と二人きりで部屋にいても、まるで誰かが部屋にいて「さあ、赤ちゃんに話しかけて！」と言っているようなプレッシャーを感じた。でも、話すなら自然に話したい。話しかける目的が話しかけること自体、というのは嘘っぽく感じた。

母親たちの中には、新生児にとめどなく喋り続ける人もいる。子どもに言葉を覚えさせるために、終わりのない独り言のように、買い物かごに入れる物を一つ一つ説明する人とか。赤ん坊は、もしかしたらこう思ってるかもしれない。「たまには静かにしてくれないかな？」と。

息子と私は今ではよく話すけれど、私は今もお互いに黙っている時間が好きだ。言葉なしでコミュニケーションするのは、秘密の武器のようだ。アメリカでは、人は沈黙があると何か言わなければいけないプレッシャーに駆られる。会話に隙間が空くのは失敗であり、気まずいことだとされている。たとえ意味がなくても、何か言葉を発して隙間を埋めた方が良いとされている。

日本の人は、沈黙と不動が本当に上手だ。いくつもの地震を日本で体感して、ますますそう思うようになった。もしかしたら地面が動く土地に住んでいると、動かないことや静かにしていることの価値がよくわかるのかもしれない。

私は息子が日本人でとてもうれしい。それは、彼が生まれた瞬間に体にぴったりの服をもらったようなもの。その服には完璧にデザインされたポケットがついていて、たくさんの有用な道具が入っている。息子はそれらを発見していくのだ。

0.90
0.70
0.80
0.90

アンデス地方ではどこでも、アグアヨと呼ばれるカラフルなブランケットを見かける。赤ちゃんや子ども、買った物や作物や本など、何でもをくるむための織布。母親たちはアグアヨを地面に敷いて赤ちゃんを寝かせたり、売り物を並べるディスプレイにしたりする。ボリビアのラパス市でバスに乗っていると、東京で携帯電話を見かけるように、アグアヨを見かける。どちらも町のみんなが持っていて、毎日使うものだ。

赤ちゃんたちは携帯電話が好きだけれど、両者は相性が悪い。すでに二台のスマホが、息子のよだれに水没した。それに小さな液晶画面を見つめる時、彼は催眠術にかかったような表情をしている。その顔を見るのは良い気持ちがしない。

老いた者たちも、携帯電話などの小機械と相性が悪い。小さなボタンがついていて、ロボットの声がする機械。その機械を老人たちが使えないことに、私たちときたら、イライラしたりするのだ。

まるで、大きな罠のよう。ニューヨークや東京で一番身近な身の回りの物は携帯電話なのに、それはとても幼い者やとても老いた者を無視して開発されている。そして幼なも老いも、それと無関係に生きることはできない。

ボリビアでは、ニューヨークや日本より携帯電話がずっと少ない。ボリビア人はお金の力を持っていないから、世界的な携帯電話産業が新製品を広告するターゲットにはならない。だからボリビアでは、なすびくらいの大きさの古い携帯電話がアグアヨの隅に押し込まれているのを見ることがある。それはキュートだし、まだ使える。そしてカフェでは、みんな話をする。

子どもは生まれた時からアグアヨで運ばれる。母親の背中から世界を見て、母親の手を見て、会話を聞く。そうやって、とても緩やかに虹の弧をのぼっていく。実用的でかつ楽しい、

魔法の布にくるまれて。

Urubamb
Perú

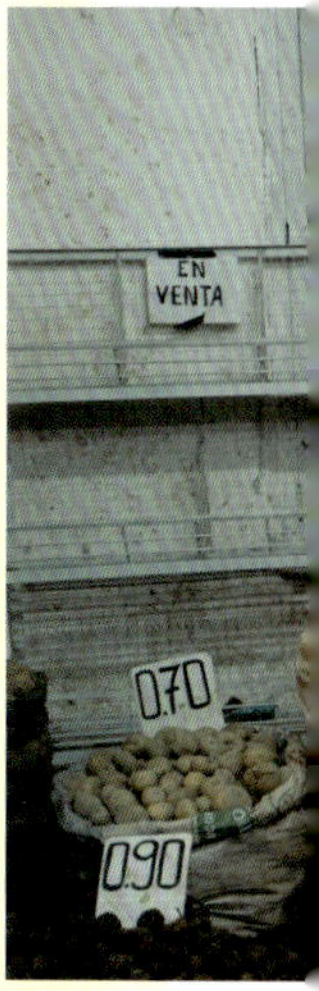

エマの店の奥は、いつも夕方のよう。

まぶしい通りから離れた、話のしやすい場所。

エマは喋りながら毛糸をつむぐ。

ボリビアにはおじいさんよりおばあさんが多い。

男たちは鉱山仕事で早死にしてしまうのだ。

子どもがまだ学校に行っている頃に。

ボリビアの鉱山は、携帯電話や飛行機を作る鉱物を世界各国に供給する。
エマは地球の鉱脈について、みんなをつなぐトンネルについて、
そして強欲は何をもたらすかについて、私たちに話してくれる。
エマによると、土から貰うばかりでお返しをしないと、邪悪が放たれると言う。
エマは愛もまた、反射作用があるものだと言う。
「愛するように愛される」と。
彼女は、病気になることを怖れてはいけないと言う。
病いこそが人を近づけるものだ、と。
「あなたが病気になったその時こそ、私はいやすことができる」と。
私たちの弱さの瞬間は、他の人を引き入れる。

話している時、エマの背後に積み上がっているアグアヨのほうから、小さな泣き声が聞こえて驚く。

まだ新生児の曾孫さんが、毛織物の寝床で眠っていたのだ。

アグアヨはまた、揺りかごでもある。


幼い者と老いた者は、私たちよりもゆっくりと話をする。

エマは物語を一番最初から話し始めて、それは千年前だったりする。

子どもたちも、話を全部話したがる。

それは「でね、それから…、でね、それから…、でね…」と鎖のように繋がっていく。

老いと幼なは話が長く、脱線し、無関係なことまで喋るから、忙しい人たちは腹を立てる。


エマは私たちに、スペインから征服者たちが来る前のボリビアの暮らしについて話す。

人々は昔、地中のトンネルで移動することができた、と。

石の上に立って、5分でブラジルから日本まで行くことができた、と。

La Paz
Bolivia

この若い羊飼いに写真を撮って良いかと尋ねると、彼はもちろんと言って、動物たちと誇らしげにポーズを取る。

この羊の群れの責任者は彼一人。

彼一人に追われて、羊たちは聖なる谷の丘を行く。


写真の少年は、自信に溢れていた。

羊飼いごっこをしている子どもではなく、本当の羊飼い。

ぬいぐるみではなくて、本当の羊を連れている。


息子はおもちゃにはすぐ飽きるけれど、家の中を探検することには飽きない。

彼は私たちが毎日使うものが好き。鍵とか、財布とか。にせ物は嫌いで、大事なものが好き。


息子はことが起こっている現場に居たがる。

多くの場合、せっかく私がやったことを元に戻す。

私が片づけ終わった部屋に入ってくると、私が片づけた場所が光ってでもいるように、そこへ直行する。

畳んだ洗濯物は広げる。ごみはごみ箱から出す。ちりとりに埃が入っていれば、まき散らす。

まるで再生と巻き戻しのボタンのようだ。

今度は私が巻き戻す番。彼は本棚から本を引っぱり出し、私は棚に戻す。会話だ。


アメリカでは、就労できる最低年齢は14歳。

ボリビアでは最近ようやく、最低年齢を10歳とする法律ができた。

国の現実を反映すると10歳が妥当と言う。

今の大統領自身も、子ども時代にリャマを追っていたのだ。

多くの国際機関は、子どもの教育を受ける権利を守るために、児童労働に反対する。

しかし、仕事は虐待とイコールなのだろうか？ 学ぶことと働くことは、二者択一ではない。

メキシコの先住民マヤ族の教師に、
彼が教えるサパティスタ・コミュニティー（革命的自治区）での
多言語・多文化の教育について話を聞いたことがある。
子どもたちは農作業をしながら授業を受ける。
算数は、種やうねや植物を数えて学ぶ。
理科は、植物の育ち方や雲のでき方や雨の降り方を見て学ぶ。
子どもたちの語彙や文法や文学や歴史の知識のために、教師は昔ばなしを語る。

Maras
Perú

このパン屋の外は、悲しい日だ。この町の住人の多くは、近くのガザという地区に家族や親戚がいるのだが、その地区には爆弾が降り注いでいる。私たちがパンを買いにいくと、二人の子どもが手を引っ張って、父親が働いている地下に降りようよ、と招く。

私は、その家の子どもがいる店が好きだ。信用できる気がする。先進国でない国のほうが、そういう店はずっと多い。

管理が厳しい仕事場では、子どもたちは仕事場には入れない。そして、大人たちは仕事場から出られない。壁に囲まれた、別々の居場所。アメリカでは働き手は、「職場に家庭を持ち込むな！」と言われる。けれど仕事の大きな目的は、家族を養うこと。なぜ、子どもを隠さなければならないのだろう？

私は最近、家族と仕事をすることが多い。だから私事と仕事を分けるのは無理。そんな中で専門的に管理された職場に行くと、気持ちを切り替えなければならない。息子のことはあまり喋らないようにして、おっぱいをあげたい衝動を押し殺す。

会社勤めの母親である友人は、「一日8時間、私に息子は存在しない」と言う。別の友人は、働く母親であるためには「二重人格にならないとだめ。母親の現実と仕事の現実は別物だから」と言う。別の女性は「仕事の同僚が赤ちゃんを抱いているのを見るのは、なんかポルノを見るようだ」と言う。

マザーフッド（母親であること）は隠されなければならない。しかし、それはとても難しい。母親であることはとっ散らかった状態であり、すべてに染み込んでいくものだから。家族について考えないようにするには、大変なエネルギーが要る。

私は両親の仕事場で遊んで育った。そこで学んだことは多いし、楽しかった。両親の苦労が分かるようにもなった。もちろん、虹の弧を上がっていく過程を助けてもくれた。

Aqaba
Jordan

Dhaka
Bangladesh

沖縄で、百歳の女性が畑で働くのを見た。

おばあさんは、立っていても体が地面に向かってそっと傾いていた。

まるでおばあさんは植物で、自分が芽を出してきた種にくるっと丸まって戻っていくように。

生命の弧は始まりも終わりも土。

そこは、よちよち歩きをして転んでも柔らかな場所。

そしてとうとう永遠に転ぶ時にも、優しく受け止めてくれる場所。


植物を育てるのは、幾つになってもできる。

庭いじりに定年はない。植物は人を拒絶しない。

歩けるようになったら、泥の中に座ることができる。

伝統的な市場も、年齢に関係なく人が集まるところだ。
秤、かご、袋、野菜や魚などは、誰にとっても危なくないもの。
一方機械は、きちんと操作ができる人を必要とする。
テクノロジーは時に、人を拒絶する。

多くの人と同じように、私も「どうして私はここにいるのだろう？」と思いながら育った。

二十代の時にメキシコに行くまで、その問いはつきまとった。

メキシコでは、答えはシンプルなフレーズとして繰り返されていた。

私たちは地（ティエラ）の手入れをするためにいるのだ、と。

ティエラは一語で土、土地、そして地球を意味する。

その手入れをするためにいる、と言うのだ。

Calcutta
India

Oruro
Bolivia

息子は言葉を話す以前に、手を打ち鳴らした。

彼は、私が聞き逃す音楽を聞きつける。
通りすがる車がかけている音楽、広告の音楽、
あるいは洗濯機がゴトゴトと立てる音。
彼は私に、踊ることは自然で必要なことだと示す。

歌というものは古く、そして演奏されるたびに新しい。
種のように、それは記憶をはらんでいる。
音楽にも定年はあり得ない。
座ることができれば、演奏ができる。
その後も、聞くことや鼻歌を歌うことができる。

このボリビアのお祭りは、土に感謝を捧げるお祭り。
年齢を問わず、みんなが参加する。
伝統的な祭りは、みんなが関わることが多い。
一方で新しい文化(例えばテレビや映画やコンピューター・ゲーム)は、
特定の年齢層に狙いをつけたものが多い。
もし人が一緒に楽しむことをしなくなったら、
私たちはお互いがどんな顔で笑うのか、
分からなくなってしまうだろう。

『子どもと昔話』誌に写真を連載し始めたのは2007年。

私の役割は、笑顔を誌面に運ぶことだと思った。

笑顔の写真たち。


笑顔をつかまえるのは難しい。

それは自然に湧き上がった、本当の笑顔でなければならないから。

「笑って」と頼んだら、その笑顔は口が笑っているだけで目が笑っていないものになる。

（それは影を追ってつかまえようとするのに似ている。）


赤ちゃんたちは全身で笑う。

何ヶ月ものあいだ、彼らは世界と笑顔だけで会話する。

だから嘘の笑顔なんか、簡単に見抜いてしまうだろう。

赤ちゃんは、笑顔についての決まりをまだ知らない。
初めてニューヨークの地下鉄に乗った息子は、
車両にいる人みんなに笑いかけた。
他の乗客たちが見ぬふりをしている、垢にまみれたホームレスの男性にも。

赤ちゃんは何も知らないものだと思っていた。
けれど彼らは、私たちが忘れてしまったことを知っている。
ある時、猫に話しかけている息子を見て私は笑ってしまったけれど、
笑いはすぐに止まった。
どうやら猫のほうも返事をしているようなのだ。

Paria
Venezuela

Maras
Perú

Budhanilkantha
Nepal

私は最初、弾けるエネルギーが共通しているから、
この二枚の写真を並べてみた。
ところが気がついた。
ここに写っている子どもたちは、全員が孤児なのだ。
ネパールの子たちは、写真右上に写っている孤児院に住んでいる。
ペルーの兄弟は、両親はずっと昔、
町へ行ったまま帰ってこなかったと言う。

誰も見ていない時、
子どもたちはこんな風に過ごす。
彼らは土と遊び、土は彼らの母となる。
ネパールの子たちのバック転は、優雅さと力の妙芸。
雪を冠った山頂の下でのサッカーの試合は、
どんな試合にも劣らず興奮させる。

息子は土と植物と動物が大好きだ。
自然なものならなんでも。
「生きている」という言葉の意味は、教える必要がない。

大人は多くの責任を抱えている。
赤ちゃんは息をし続けるだけでいい。
彼らは息が、生きていることが、
この世界の共通項だと気がつく。
だから彼らは、生きているものに惹かれる。
そしてとても年を取った時に、
人には生き続けるだけでいい時が再び来る。
息をし続けるだけでいい時が。

ニューヨークシティの部屋にいる時、
私の身の回りは非生物ばかり。
壁、コップ、お皿。
一番近くの生き物まで、
だいぶ距離がある。
年を取ったら、
もっと生き物が多い場所に居たいと思うだろう。
彼らから、生の力を貰うために。

ラオスの国民一人あたりに落とされた爆弾の数は、世界最多。
ヴェトナム戦争中にアメリカが落とした爆弾のためだ。
国際基準によると、ラオスは世界有数の「貧困国」と呼ばれる。
戦争と貧困は、幼い者と老いた者を特に残酷に襲う。
速く走れない、戦えない者たちを。
体が弱い者は、特によく食べてよく眠らなければならない。

自転車の男性が歌いながら、ゆっくりと流れる川に沿って行く。
それが私のラオスの印象。
とても平和。
世界で最も爆撃された村では、爆弾の殻を人や動物の住居に使う。
爆撃で出来た窪地に、かぼちゃを植える。

Vientiane
Laos

Lalibela
Ethiopia

エチオピアは植民地になったことがない。この国は、ヨーロッパの遺物のないアフリカだ。他のどの国にも似ていない国。エチオピアの暦は独自の暦で、時刻も独自の時刻を持つ。一年は13ケ月ある。他の国は今2015年なのに、エチオピアでは今は2007年。

太陽が天頂にくる時は正午で、12時。私はそう思う。ところがエチオピアでは、それは6時なのだ。彼らは真夜中ではなくて、日が昇る時を0時とするから。その考え方は分かる気がしつつも、同時に自分の脳が流砂に飲まれたような心地がした。

エチオピアでは、基盤が外れてしまったような気持ちがした。けれど、植物に気がついた。メキシコで馴染みの植物たちだ。その植物たちなら、使い方も花の咲き方も知っていた。沖縄でも、同じ面々を見つけた。ブーゲンビリア、金蓮花（ノウゼンハレン）、そしてメキシコで「スエグラ・イ・ヌエラ（義理の母と義理の娘）」と呼ばれる植物（シチヘンゲ、と牧子さんに教わった）。

種は老いているか、幼いか？　私は妊娠中、産婦人科医に「女性は後に自分の子となる卵をすべて体内に持って生まれる」と説明された。女性は自分が生まれてから卵をつくるのではないのだ。本当だとすると、私は私の母が生まれた時から地上にいるのだろうか？　では、私はいくつなんだろう？

メキシコでは、時間はらせん状のものと考えられている。常に進みながら、常に回って戻ってもいる。なぜ沖縄は、あんなにメキシコのような感じがするのだろう？　植物だけではない。ペースが似ている。食事はゆっくりと食べる。車もゆっくり。人はとりとめもなく話をする。

時と場所は、私たちをつなぎ止める。でもそれが消えることもある。年齢や文化を超えた出会いは、私たちをつなぎ止められた状態から解き放つようだ。

息子は私の時間の流れを変えた。息子は、現在。彼といる時、私は過去も未来も考えないし、時間にも気がつかない。昨日何をしたかを思い出すのも難しい。時刻はいつも、赤ちゃん時だ。

老いの場所から

小沢牧子

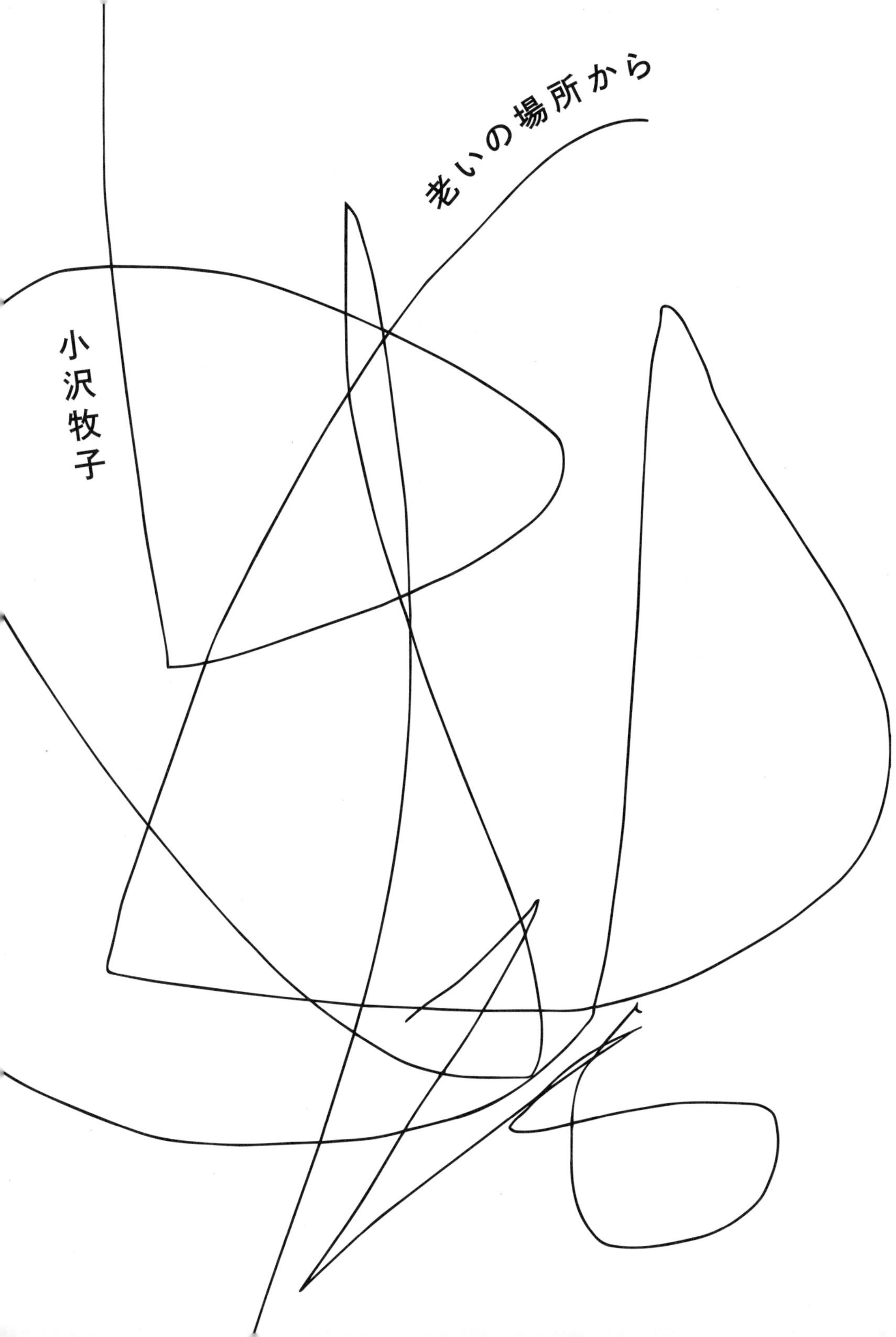

おばあさんと子ども

本日のおばあさん

初秋のある日。

久しぶりに、遠方に住む姉と落ち合って街でいっしょに食事をした。長くピアノ教師をしてきた姉は、わたしより二つ年上。わたしはずっと白髪のままだが彼女はそれを黒髪に染め、いつも元気に忙しく暮らしている。おたがいの近況や昔の思い出話などあれこれとしゃべりあいながら、パスタのセットを二人ゆっくり楽しんでいた。

そのうちわたしは、姉が手持ちのバッグを始終ごそごそと探る様子が気になりはじめた。しゃべったり笑ったりしながら、ふと手を止めては大ぶりのバッグをのぞいて何かを探し、またもとの話にもどる。あれ？　これって誰かがよくやっていたしぐさだ。そうそう、九十歳過ぎて亡くなった母のしぐさ、それから義母もそうだったなと思い出す。だがおしゃべりにまぎれて、何を探しているのと姉に尋ねることもなくその日は過ぎた。

翌日のこと、用足しにわたしは電車で出かけた。すいている時間帯なので、ゆっくり座れる。窓の外を見ながらふと、あの書類はちゃんと持ってきたかしらとバッグをのぞいた。眼鏡ケースや手帳の脇にちゃんとある。よかった、そろそろ乗換駅だな、スイカのカードは？　ああいつものところにあるなと安心。あっ、昼に飲む薬は持ったよね、とまた大きなバッグをのぞいて気がついた。昨日姉がやっていたのと同じことをわたしはしてる、そうか、大きなバッグをごそごそ探すのは年寄りに共通のしぐさ、とりわけ持ちものの多いおばあさんの習癖なんだな、と。

子どものころに学校で習った歌に、こんな歌詞があった。「大きな袋を肩にかけ、大黒さまが来かかると…」。あれは「いなばの白兎」という歌だったか。大黒さんはおじいさんだから、昔から大きな袋を持つ姿はおばあさんに限ったことではなかったのかもしれないが、最近はどうも大きな袋はおばあさん限定になってきた。

おばあさんはだいたい物持ちだ。眼鏡に小銭入れ、ときに補聴器、寒さの用心にスカーフ、ひょっとするとホカロン、のど飴にタオルハンカチ、家族から持たされたケータイも、と年々袋の中に持ちものが増えていく。しかし記憶力のほうは逆に減っていくので、だいじなものを忘れてきていないか、ふと確かめる。しばらくするとさっき確かめたことを忘れて、また確かめる。滑稽な光景に見えるが、本人にとっては必要かつ自然、そしてけっこう充実している時間なのだ。それは年寄りが一歩ずつ足もとを確かめながら満足して歩く行為に似ている。年齢を問わず人は、そのときの自分にとって安全なやりかたを察知しながら、真剣に生きていくだけだ。

おとなと子どもは五分五分

子どもの世界はどうだろう。

人はみな、何も持たずに生まれてくる。そして幼い子どもはまだ、ものもお金もこの世の知識も技術も持ってはいない。年寄りとは逆に、子どもは持たざる者だ。すがすがしく身一つなので、持ちものを確かめる必要もない。持っているのは、初々しい身体のみ。だから子どもは、出来たての身体をフルに使って暮らす。性能のいい澄んだ眼でじっと見る。わたしの顔に増えていくほくろをまじまじと見つめて、「どうして黒い点々があるの」などと聞く。遠くの仲間のかすかな声をすぐ聞きつけて、「あっ、ケンケンが泣いてる」と飛び出していく。柔らかな手で、土や水やあらゆるものに触れる。そして「さわっちゃいけません」といつもおとなに怒られている。「なんかくさい」などとすぐ言う。そんなふうに身にそなわった鋭い五感を全開にして、子どもは生まれてきた世界を真剣にわかろうとしながら暮らしていく。

まだ人間経験が浅いので、わからないことが山積みだ。だから子どもの決まり文句は「これ何、なんで、どうして」である。その上「見せて、やって、もう一回」とうるさくおとなに頼む。おとなはそれに応えながら、おとなであることの優越感をうっすら味わったりする。「教えてあげる」が、教え好きのおとなの口癖だ。実は子どもの持つ多くのものを失ったのがおとなだということをすっかり忘れて。

おとなは、子どものころの持ちものを捨てながらおとなになってきた。捨てながら得る。得て捨てる。つぎつぎにたくさんの知識を取りこみ、言葉や記号さらには情報機器をすばやく操る能力を手にしながら、引き換えに自然のもつ力や身体の知恵を捨てていく。そうして得たものを人は成長や進歩と呼び、子どもがまだ持っている力を未発達や未成熟さと名づける。

わたしはよく思う。人間の手のひらは二つ。両手に持てる分量は決まっている。その手のひらに新しいものを持とうとすれば、その分いま持っている何かを捨てなければならない。捨てたものと得たものの量は同じなのに、わたしたちはつい捨てたものを見ずに、得たものばかりに気を取られる。あたかもからっぽの手のひらに、新しいものを次々と得てきたかのように。

もちろん、この社会に生まれた以上、そこで価値があるとされた知や術を身につけていくのは自然なことだ。ただ、おとなの持ちものを子どもはまだ持たず、子どもの持ちものをおとなは捨ててきたということを忘れたくないと思うだけである。

かといって、べつだん子どもを賛美する必要もない。お互いが認め合い補い合う。その意味で、おとなと子どもは五分五分の存在である。おとなは子どもをいつも守ってやらなくてはならないが、かといって子どもに威張る筋合いは何もないのだ。

去るもの、やってくるもの

おとなに向かって得てきたものをやがてまた失い、失ったものをふたたび手にする新しいときがくる。老いのときだ。衰退物の代表格は、速さと記憶だろう。このあいだわたしは、秋口に蒔いたパンジーの芽がどうなったかなと勢いよくかがんで土に顔を近づけたとたん、世界がぐるりと回ってしりもちをついた。これはまた初体験、と思わず笑う。それを老い仲間の友人に話して、また笑う。そうか、平衡感覚が身体の動きについていかなくなるんだね、何でもゆっくりが肝心と言い合い、急がぬようにとあらためて自戒する。

ゆっくり歩くと、これまで気づかなかった道端の木の姿や花の色が目にとまる。虫や鳥たちの、いのちを引き継ぐ賢明な工夫が見えてきて驚かされる。手のひらから去ったもののあとに、新しい何かがやってきてそこを埋めていく。穏やかさや深さ。若さや速さが失われたと嘆くのは無理もないことだが、それだけではもったいない。

速さとともに記憶する力が失われていくので、老人はたえず探し物をする。冒頭に書いた「持ちもの確かめ風景」はそのひとつだ。でも遠からず土に還っていくのに、何でも鮮明に覚えていたらそれも大変だろう。死への恐怖もきっとつのってしまう。忘れる力もいのちの恵みのだいじなひとつと考えながら、今日もゆっくり探し物をする。

老いと幼なは手をつなぐ

　有形無形、多くのものを得てそれをまた手放し、もとにもどると子どもの世界に還る。小さな子どもと老人は似た者どうしなのだ。と言うと、「どこが似ているの、逆でしょう」という声がすぐに聞こえる。「年寄りの肌はしわしわだけど、子どもの肌はつるつる。年寄りは動きたがらず、子どもは動き過ぎ。目はかたやしょぼしょぼ、かたやぱっちり」。

　たしかにその通りだ。これから始まる者と終わりに向かう者の勢いの差は大きい。でも仮に人の一生を、虹のようなアーチのかたちに思い描いてみる。地面から海から立ち上がり、また土や水に還る軌跡の姿だ。すると小さな子どもは虹の登り口、年寄りは降り口の、同じような高さのところにいる。だから似ているのだ。だいたい両者ともに足が弱くてすぐ転ぶし、一度にたくさん食べられずに間食が欠かせない。話す速度はゆっくりで、空や土、花や生きものなどの自然に惹きつけられる。すぐ眠くなってコトンと居眠りし、涙腺のゆるいところもおんなじだ。かたやベビーカーかたや車いすと、視野のありさまも近い。

　似た者どうしの仲の良さ。「老い」と「幼な」は手をつなぐ。転ばぬように、手をつないで歩く。きっと、ずいぶん昔から。

　働き盛りの忙しい親たちに比べ、いささかのヒマを手にした老人と子ども。その両者が親しくいっしょに過ごす場に、たぶん昔ばなしやわらべうたも生まれ育った。そもそも昔ばなしの多くに、年寄りと子どもが主役で登場してくるではないか。「むかしむかしあるところに、おじいさんとおばあさんがありました…」と始まる小劇場。ときには特等席の寝床のなかで。寒い夜も、体温の暖房つき。かつて幼い子どもと老人は、日々のきびしい暮らしのなかにもひそかな楽しみをつくり、安心感を分けあう仲間だった。昔ばなしはおそらく、こうした連帯感に支えられ語り継がれた老幼文化の面も持つのだろう。

　遠くて近い子どもと老人。その関係をいまもだいじにしたい。そう思うそばから「おばあちゃん、折り紙しよう」と澄んだ声がして、隣家の一年生が庭から勢いよく入ってきた。彼女が先生、わたしが生徒の折り紙の時間が、今日も始まる。

（『子どもと昔話』２０１３年冬号）

老いに逆らうその理由

染めようか、そのまま行こうか

あれはたしか六十代のことである。すでにすっかり白髪になっていたわたしが駅のプラットホームで電車を待っていると、向こうから同年輩の女のひとがゆっくり近づいてきた。もしや知り合いかなと見つめるが、見覚えがない。はてと思う間もなく、「ごめんなさい、その髪はずっと白いままにしていらっしゃるんですか?」と話しかけられた。「えっ、わたしですか、そうですけど」「あのー、途中ごま塩になりますよね、そのときはどうされたんですか?」「えっ、ごま塩、そんなときあったかな…」。

不意をつかれたわたしはうろたえる。ごま塩がどうかしたのか?

「あのね、わたし白髪がふえてごま塩頭になってきたものだから、染めようかそのまま白くしようか迷ってるんです。そしたら白髪のかたを見かけたものですから、つい伺ってしまって」「そうなんですか、染めたりしないでそのままにしているとラクですよ」「そうですよね。失礼いたしました」。

電車が入ってきて彼女は離れていく。見知らぬ人にまで話しかけるなんてきっとずいぶん悩んでいるんだろうなあと、わたしは彼女の後ろ髪を見送った。あの人はあれからどうしたかなと、こんどは逆にわたしが尋ねてみたくなる。

「あなたの身体を変えましょう」

これはもう十年以上前の体験である。しかしびっくりしたことには、その後も駅の電車待ちの場面で、二度ばかり同じような経験をした。どうやらわたしは典型的な白髪持ちと見なされるらしく、行きずりの人に加えて知人友人たちからも同様な質問をされる。質問する人はみんな、白いままで行こうか黒く加工しようかと迷っている最中で、それは初老の女性にとってとりわけ重要な課題であるようだ。おそらくその人びとは、髪に出現した自身の老いを受け入れるか、もしくはそれに抗《あらが》うか、二者択一の課題に真剣に向き合っているのであろう。

わたしはと言えばめんどうくさがりも手伝って、「人生これまで黒い髪で来たけれど、後半は白で行くか」とばかり、髪の言うがままに過ごしてきた。それに、たとえ黒く染めてもほんとは白いことを自分では知っているのだし。と言っておしゃれは決して嫌いではないから、たまにはブルーとか紫に染めたら面白いかな、お金と時間のふたつが許せばとも思うが、そのふたつともが無い上に不精が加わるから、実現は不可能である。それに周りのみんなが仰天して大笑いするのも目に見えているし。

女性たちのさきの迷い戸惑いに狙いをさだめて、新聞・雑誌・テレビなどには、老いに逆らい若く見せるための白髪染めやカツラの広告が溢れかえっている。年齢による変化は恥ずかしいことなのだという洗脳行為に、日々さらされるのだ。でもこれら広告の勧めにかんたんに乗れない人はもちろんいる。そこで彼女たちは、身辺にいる生身の白髪人間から情報を得ようとするのだろう。だが知っている人に聞くのがちょっとためらわれ、駅のホームで見かけた人につい話しかけるというのも、どこかわかる気がする。

溢れる広告の後ろには資本の渇望がある。どうぞあなたはそのまま、ありのままでという広告はあり得ない。自然のままの容姿は、儲けの対象にならないからだ。持って生まれた持ちものを捨て、別の身体に変えていきましょうと誘導することで、美容・若返り業界は成り立っている。わたしもパーマをかけたり、ときに頬紅を買い求めたり。

身体だけは全員が持っているから、これほど大きな市場はない。若者の黒髪は褐色や黄色に、年配者の白い髪は黒や灰色に、小さな目なら大きく、丸い爪は長く尖らせ模様も描いてと、身体各部分をめがけた加工の誘いが続く。いまのところ残っているのは鼻くらいだが、いまに鼻リングの流行が仕掛けられないとも限らない。自然への反逆。身体に限らず、世の中の儲けの多くは反自然と縁が深い。

「若い人に気おくれしたくないなら」

自然に逆らう気概を持とう、年齢による変化に抵抗しよう、それが老いのたしなみだという売り手からの洗脳が行きわたると、若く見せるための手段が一大市場をなす。化粧品にサプリメント、健康器具に整形術。「若い人にも気おくれしたくないあなたへ」というサプリの広告を見た。こんな言葉にかこまれて暮らせば、ついその気になってしまう人もいる。歳を重ねることは気おくれすること、老いは恥ずかしいことなのだと思い込む。残念だ。人間どの年代にあっても、失うものと得るものは五分五分のはずだと思うけれど。

むかしの人はどう考えたのかと、老いの諺をたどってみる。まず「老いの一徹」。なるほど、たしかに。しかし諺は決して一面的ではない。かたや「老いては子に従え」とその衰えを言い、かたや「老いたる馬は路を忘れず」とその知恵を言う。さらに若さについてふだんの言葉を思い起こしてみれば、「気が若い」と讃え、「若気の至り」と恥じる。そんなふうに両面の事実をわきまえることで、何事もどうにか落ち着いているものだ。

ところが若さの価値ばかりを一方的に刷り込まれると、男女を問わず老いの自然な事実を受け入れにくくなる。その先に現れる大きな問題は、老いの先に必ずやってくる死をどう受け入れていいかわからなくなることだが、中身が広がりすぎてしまうので、これ以上はやめておく。

とはいうものの、わたしはいわゆるおしゃれや若作り志向を、はなから否定しているわけではない。身体を飾り変身する楽しみは、人に活力をもたらす源のひとつであるとさえ思う。また、若さにケチをつけるつもりなどない。若さはまぎれもなく美しい。幼子のきれいな瞳、少年の澄んだ声色、若い人びとのしなやかな身体、光る黒髪、とりわけ肌の美しさ。それらへの憧れは、憧れである限り自然なものだ。

だがここで問題にしたいのは、おしゃれ行動や若さへの憧憬そのこと自体ではなく、若さを実現させようとする宣伝広告の威力とおそろしさについてである。それは「老いはバツ、若さはマル」とくり返し断言して、わたしたちの感覚・気分・意識・行動つまり生き方を変えてしまおうとしているからだ。

その気にさせる操作技法

商品の宣伝広告はいうまでもなく、自分が望むように相手を動かそうという目的のもとに成り立っている。商品をいいなと感じさせ、ぜひ手に入れるべきだと考えさせ、実際に買わせる行動に導くために、現代の広告技法は長い年月をかけて、研究と工夫を積み重ねてきた。姿を見せない売り手が買い手を操作支配する方法がそれである。

かつての時代の素朴な売り買いの場では、「もう少し小ぶりのイワシが欲しいの、生姜煮にするから。こんど仕入れてね」「よし、まかして」というように顔の見える関係があり、「ちょっとまけてよ」「もうひとつ買ってくれたらね」のように、お互いの顔色を見ながらの駆け引きも成り立っていた。しかしいま買い手は、グローバル市場とよばれる大きな仕掛けに組み込まれ、顔の見えない売り手の思惑にいつのまにか動かされるようになっている。「若さこそ価値あり」「老いは克服すべきもの」という信仰の普及もそのひとつで、わたしたちはその仕掛けのなかで、自分たちの老いのありかたを歪められかけている。

　老いの問題に限らない。わたしたちの暮らすグローバルな資本主義社会の大きな目的は、力をもつ支配者の側が姿を見せないまま、大衆の側を平穏にコントロールすることだとされている。その目的を叶えるために発達してきた管理方法の根っこに、広告宣伝技法があるのだ。

　わたしたちの暮らしは、広告代理店や世論操作を請け負うPR会社の意向にとりまかれている。誰もが自分で考え自分で決め行動できるとされている民主主義社会で、「わたしが望んで自分で決めた」と思わせながら、売り主側が望む行動に人を導く技法が蔓延している。この種のさまざまな操作技法は、わたしたちの消費行動から政治にかかわる意識行動、さらには個人の心の支配と呼ばれるものにまで、大きな影響を与えている。

　たとえば一九五〇年代に原発を日本に持ち込むとき、「平和利用」とか「クリーン」という表現を多用し、イメージ作りをして導入に成功したこともそこに関係しているし、オリンピック招致活動、ニュースを伝えるテレビ・新聞、ひいては戦争においての情報戦にも使われている。日常生活レベルにもこの種の操作が入り込んでいて、自分の意見を言わず相手のことばをじっと聴くことで望む答えを言わせるやりかたが、場を無難におさめる管理技法のひとつとして流行している。この種のさまざまな操作技法をわたしは「その気にさせる技法」と名づけているが、「望ましい老い」の意識にも気づかないうちに取り込まれていないか、気をつけたい。

　ところで昨今の政治の場では、ついに「戦争のできる国」への動きが強まってきた。特定秘密保護法、集団的自衛権の論議のうしろに戦争のしかけがちらつき、原発の再稼働や技術の輸出がもくろまれている。さまざまな「その気にさせる技法」に巻き込まれ屈してしまわないよう、白髪なりにしっかり抵抗したいと思う日々である。

（2013年春号）

小鳥の受難、子どものあした

　さわやかな初夏の日がつづく。庭続きの空き地では暗くなるまで大勢の子どもたちが走り回り、笑い声がはじける。たっぷりと長い、おだやかな夕暮れどき。この季節にはいつも、子どもたちの遊びがひときわ盛り上がるのだ。

　でもわたしはこのところ、その光景をそのまま楽しむことができない。子どもと若者たちの未来が、いやでも気にかかるのだ。これから巣立つ子どもたちが何らかの戦争に巻き込まれていく予兆。戦争のできる国に向かういまの法改正の動きを、わたしは強く気にかけている。無心に遊びまわる澄んだ声を耳に、子どもたちのゆくえを案じる毎日だ。

生きられなかった小さないのち

　そんななか、庭の木の梢ではシジュウカラの子育てが始まっていた。背の高いこぶしの枝にとりつけられた古い巣箱に、二羽の親鳥が交代にせわしく餌をはこび、大急ぎで飛び去っていく。次々とくわえてくる毛虫の餌が日に日に太く長くなって、雛の成長の様子が見てとれる。「巣箱のなかに四羽くらいいるかな」と、鳥好きの友人が見に来て言う。彼女はわたしに巣箱を贈ってくれた人だ。

　親鳥はときどき、巣から白い粒をくわえて飛び去る。巣が汚れないように雛鳥の糞を運びだすのだと、これも彼女が教えてくれる。「きっとあしたかあさってくらいの午前中に巣立つでしょ」と言って友人は帰って行った。巣立ちの光景を見るたのしみに恵まれたわたしは、すっかりうきうきして翌日を待つ。

　次の朝、巣箱の近くの垣根の上を、いつもは見慣れない大きなカラスが歩いているのを見た。黒々と光った姿が行ったり来たりする。なんだかヘンだとちらりと思ったが、それ以上気に止めずにすぐ忘れてしまった。のんきに浮かれていたからだ。すると昼ごろに隣家の孫娘が、「おばあちゃん、白い猫がずーっと庭に座っているよ。いつもはあんなところにいないのに」と告げに来た。実はそのとき雛たちのいのちは上からも下からも狙われていたのだが、巣立ちを待つたのしみで頭がいっぱいだったわたしは、うかつにもその危険を予測しなかった。猫が登れないような防護網を幹に取りつけてあるから大丈夫と安心し、雛はその工夫に護られていると思い上がっていたのだ。なんとひとりよがりで愚かな見物人だったことか。

午後の二時ごろだったろうか、庭に面した部屋に入った瞬間、見慣れない板切れが下枝にひっかかっているのが見えた。雛のいる場所の下あたりだ。つづいて、からっぽのふわふわした丸い巣がその近くに落ちて風に揺れているのが目に入った。どきんとして庭におりると、巣箱の屋根が壊され、そこはもう、しんと静かだった。カラスが上から屋根をつつき壊して、雛鳥たちをすばやく食べたのだ。小さな巣を拾いあげると、中は磨いたように白くきれいでゴミひとつなく、生きもののあたたかな気配がまだ残っていた。餌をくわえてきた親鳥たちはうろたえて、虫をくわえたまま壊された巣箱を出たり入ったりし、まわりを探し、やがて狂ったように飛び去りまたもどる。いたましく虚しいその餌運びは、翌日にもまだ続いていた。

生きものが生まれ、育ち、巣立ち、生き続けるのは奇跡のようなことだ、決して当たり前なのではないと、わたしは思い知らされた。人間とて、共存の知と意志がなければおなじなのだ。わたしが子どものころ、若い盛りの叔父のいのちは戦争で失われた。どこでどう亡くなったのかもわからず、遺骨すらも帰ってこない。まるで投げ捨てられた石ころのように。失われた息子の写真に祖母が毎朝かかさずお水をあげ静かに拝んでいた姿が思い起こされ、それは雛を失くした親鳥の姿に重なった。

お国に子どものいのちをください、と

弱肉強食。生きものの厳しい掟。たしかに人間も生きもののひとつとして、ほかの生きもののいのちをいただいて生きている。でも、人間はおたがいを殺し合うことを強く禁じる決意だけは共有してきた。日本の平和憲法は、戦争で人を殺し殺される事態を、七十年のあいだ阻んできた。もっとも別のかたちの侵略や搾取を、他国に対してさまざまに行ってきた事実は残念ながら否定できないが。

このところ、「ふたたび戦争のできる国へ」という動きが露骨になっている。公然と人殺しを可能にするための法改正が、急速に進められているのだ。その動きの周辺で、「日

本をとりもどす」という言葉が見え隠れするが、あの戦争を知る最後の世代であるわたしには、「あの時代をもう一度」としか聞こえてこない。ここ十年の教育政策だけを見ても、ふたたび戦争のできる国へ向けて子どもたちが狙われているのは確かなことだから。

ひとつの発言を記しておきたい。それは教育基本法改正促進委員会の設立総会の場だったという。「お国のために命を投げ出してもかまわない日本人を生み出す。お国のために命をささげた人があって、今ここに祖国があることを子どもたちに教える。これに尽きる」「お国のために命を投げ出すことをいとわない機構、つまり国民の軍隊が明確に意識されなければならない。この中で国民教育が復活していく」（西村真悟衆議院議員の発言。二〇〇四年二月二十六日朝日新聞報道）。右翼的な一議員の発言にすぎないと思う人があろうが、それは当たらないだろう。政権内部では、「そんなにあけすけに本音を言うなよ」と思った人が実は多かったにちがいないのだ。それから二年後の二〇〇六年に改正教育基本法が成立し、「我が国と郷土を愛する」の文言が盛り込まれた。

伝統や文化そして生まれ育った故郷は、たしかにかけがえがない。だからこそ、あの原発事故で故郷を奪われた人びとの無念や怒り悲しみに深く共感できるのだ。その郷土を支えることこそが国の仕事ではないのか。「我が国と郷土を愛する」を「国に命を捧げよ」につなげるもくろみを黙認してはいられない。わたしたちは子どものいのちを護る最後の地点にいるのだから。

美しい旋律と屍と

いまもむかしも、子どもは歌が好きだ。戦争さなかの子ども時代を思い返すとき、身体に刻まれたひとつの歌がよみがえる。曲名は「海ゆかば」。魂を揺るがすメロディーは感動的で、まったくすごい。名曲だ。だがその歌詞は、この上なくおそろしい。「海ゆかば　みずく屍《かばね》　山ゆかば　草むす屍　大君の辺《へ》にこそ死なめ　かえりみはせじ」。海を行けば水にふやけた死体、山を行けば草むした死体、天皇の傍でこそ死のう、振り返りはしない、と。自分たちの子どもの姿をその屍に重ねられるだろうか。死臭が朗々と賛美される戦争。時代が移り戦争のかたちが変わっても、その本質は変わらない。

幸運にも生まれ育った子どもたちは、この先生き延びていけるか。おとなの現在がためされている。

（2013年夏号）

優先席でのエール交換

電車の優先席に座っていると、ときどき気にかかる場面に出会う。それは優先席に座っている若い人の近くへ、お年寄りが乗ってきたときの光景である。ときどき困ったように身体が固まっている若い人を見かけるのだ。「まずい、ゆずらなくちゃ」と思いながらためらっている様子が、いかにも不自由で居心地が悪そうだ。

「それはね、ゆずるのがイヤなんじゃなくて、自分が目立つことがイヤだからなんですよ」と説明してくれた若い人があった。なるほど、きっとそうなんだろう。しかし自分の行動をそれほどまでに気にする若い人が、どうして最近増えたのか？

いや、若い人ばかりではなく、「人にどう思われるか」を過剰に気にする臆病さは、どうやらこの時代の特徴のようだ。きっといまの世の中に、人間への評価・値踏み・序列化が充満してしまった過酷な風潮の反映にちがいない。

でもそんな空気を破る一風景。ある日わたしは、優先座席で本を読んでいた。そこへかなりの年輩と思われるおじいさんが杖をついて乗ってきた。足もとがおぼつかない様子だが、誰も席を立つ様子がない。電車が揺れたとたん、おじいさんはよろけて危うく転びそうになった。とっさにわたしは立ち上がり彼の腕を支えて席に座ってもらい、そのあとドア口の傍らに立って本の続きを読んでいた。するとなぜか、かのおじいさんが座席からにこにこ笑いながらわたしに片手を振っている。見るとその指先には小さな補聴器が揺れているではないか。さっきわたしが眼鏡をあわててはずして立ち上がったとき、眼鏡のつるにひっかけて床に落としたのだ。「これ、あなたのでしょ？」「あっ、そうです。ありがとう、それなくしたら大変！」「わたしは杖をなくしたら大変。あはは」「だんだん持ちものが多くなるから、おたがい気をつけましょう」「その通り」。車内で初対面のわたしたちは、思わずエール交換をしてしまった。人は誰しも老いていくという共通項は、ときにお互いを親しくさせる。

それにしても、あれは明るいおじいさんだったなあ。若い人に席をゆずられるのも嬉しいけれど、高齢者がどんどん増えていくいま、気軽な会話や老々共助もまたおもしろい。

（2013年秋号）

そこまで自分でしなくても

「終活ノート」と初対面

七十代の知人から、「エンディングノート」なるものが送られてきた。「たまたま二冊ダブってしまったので、よかったら差し上げます」と添え書きがある。うーん、これが噂の「就活」ならぬ「終活」の必携品なのだな。興味深く、でも少々怪しみながら（送り主さんごめんなさい）、「自分らしく生き、安心をめざして…」と優しく始まるピンクのノートのページを繰りはじめる。

エンディングノートと一口に言ってもいろいろな種類があるのだろうが、わたしが出会ったこのノートは、まず自分が「認知症」になった場合の言い置きに始まり、終末期に受けたい医療、自分を介護してほしい人の希望、喪主の指定、自分の遺体の晴れ着、柩に入れる品、葬儀の飾りから会葬のお礼状にいたるまで、こまごまと記入欄が並んでいる。えっ、ここまで自分で言い置くわけ？　遺された人たちに見送られて旅立つというより、お墓まで堂々と自分で歩いていくような潔さ立派さだ。何ごとにも個人の責任が叫ばれる時代となって久しいが、死後にまで自己決定・自己責任を求める風潮が出来上がっている。「ちょっと、それは違うでしょう」という一語が、思わず湧いて出た。

人の死は人をつなぐのに

「人の最後のときとそのあと、つまり死とその周辺は本人のものではなく、むしろ残された人たちのもの」。わたしは若いときからごく自然にそう思い、それをまた自然に周りと共有しながら何人もの先達を送ってきた。そして自分が七十代後半に入ったいまも、あいかわらずそう考えている。身辺の片づけなどは別として、「順繰りなのでよろしくね」と、半分は人にゆだねていくのが自然な終わりかたではないかと。

先日若い友人から、亡くなられたご尊父の記念誌をいただいたが、そこには「自分の死後のことは、残された者たちが納得するようにしてください」という晩年のことばが、いくつかの希望とともに記されてあった。後の者にことをゆだねる信頼と、もめごとなどないようにとの祈りが、おそらくそこにこめられている。静かに贈られたそのことばに共感する。残された人びとは、故人の生き方を知る者としてその気持ちを推し測りながら、あとのことを相談しあうだろう。そして「この花が好きだったから飾ろうか」「あの写真をお棺に入れてあげようよ」などと語りあって、久方ぶりの縁をつなぎもするだろう。

かつて九十歳を過ぎた義母を送ったとき、わたしは久しぶりに会った遠方に住む姪とふたり、葬儀に使う写真の候補をアルバムから選びながらたくさんの話をして夜を過ごし、叔母と姪というたまたまの縁をあたためた。それは故人がくれたなつかしい時間だった。人の死は、人をつなぐ。だから死と葬送までを自己責任とする風潮に対しては、「そこまで自分でしなくても」ということばが浮かぶのだ。

「そうは言っても、いまはおひとりさまが多くなった時代なんだから止むをえない」「死んだとき人に迷惑をかけたくないでしょう」「みんな忙しい暮らしだし」などの声がすぐさま聞こえてくる。人の関係などわずらわしい、それぞれ自分で自分の始末をしよう、と。いまは財布とケイタイとコンビニさえあればひとりで生きていける時代だという若者もある。だがその一方で、つながりを持たぬまま精神不調に悩む人が増え、自死する人の数も年に三万人を下らないと報道される。でも「勝手に生きて勝手に死ぬからほっといて」が本心であるはずはなく、それは「誰か少しはこっちを見て」という気持ちの裏返しに思える。自分がいのちを終えたときに「あの人、この歌をよく聴いていたなあ」「ビールが好きだったから供えよう」というような故人をしのぶ会話も要らないと、果たして人は言うのだろうか。人の最後のときと死は、いつから「本人だけのもの」になってしまったのだろう。

そうは言うが生まれるときもひとりではないか、という人があるだろう。でもそれは当たらない。出産とて、産むおとなと生まれる赤ん坊のふたりの共同作業である。親はつい勘違いをして、「あなたを産んだときは、たいへんだったのよ」などと恩着せがましく言ったりするけれど、どうして、赤ん坊の方だって力を振り絞り、いのちがけで生まれてきたのだ。母親のいのちを支えながら。産んだおとなはもちろん偉いが、生まれた赤ん坊もおなじく偉い。おあいこだ。ただ子どもの方は、それを覚えていないだけである。

そんな具合に、いのちはそもそも関係のなかで始まり、家族や友だち、隣人や仕事仲間など偶然の人の関係のなかで展開する。良くも悪くも、人は関係によってできている。さいごに訪れる死はたしかに個人の身に起こる出来事だが、一方でそれまでの関係世界につながる複数の人たちのものでもあるのだ。

死をとりまく商品の群れ

「終活」の話にもどる。ところでそもそも「終活」なる新語がわからない。「遺言」という言葉は昔からあるけれど、それとはいささか様子がちがう。わからないことがあるとすぐ「誰かの意見を聞いてみよう」と思い立つわたしだが、年齢が年齢だけに、「終活って何」と聞かれた方は、「何かあるのか、どうかしたのか」とびっくりするかもしれない。それもさすがに気の毒なので、こんなときはインターネットのお世話になろうとYahoo!の画面を立ち上げて眺めた。それによると、この語は二〇〇九年に週刊朝日が作った造語とあるから、最近の社会風潮を反映する新しい言葉に間違いないようだ。その背景にある社会風潮は何だろうと、画面に続々と並ぶことばを追っていく。以下に「終活」欄に登場する単語を羅列してみよう。

葬儀、墓、医療、介護、介護施設、身辺整理、エンディングノート、遺言・遺産相続にかかわる行政書士、弁護士、税理士、社会保険労務士、金融ディレクター、僧侶、葬儀社、石材業者、就活カウンセラーと認定協会、日本相続学会、相続知識検定協会、相続アドバイザー協議会…などなど。

こうした単語群を眺めていると、その背景に「死の商品化」の風景が自然に見えてくる。そうか、すべてのもの・ことが商品と化し消費財に組み込まれつづけてきたこの社会で、さすがに商品化の徹底がためらわれていた「臨終と死」が、いまや堂々と一大市場をなしているのだ。終活カウンセラーという職業も耳慣れないが、その資格の認定協会ができている。相続関係の学会や資格検定があるというのも初耳だ。さすが高齢社会・資格社会における実利的学問再編成の姿である。

もちろんわが家をふくめて葬儀は葬儀屋さん任せになって久しく、「死の商品化」などいまに始まったことではない。しかし老いと臨終と死がパッケージされたこの効率的新商品「終活」は、人の関係のさらなる貧困化が行き着いた先を露骨に示している。個人用に作られた「エンディングノート」は、その象徴のひとつだったのだ。

「縁壇」の写真たち

あるときたまたま新聞のコラムで、「袖振り合うも」と題する小文を見かけた（木内昇氏二〇一三年十一月二日東京新聞夕刊）。

執筆者は毎朝、バイクの音で目をさます。近所のアパートに住む若者が早朝に出かける爆音だ。はじめは非常識だと腹を立てたが、いつのまにかそれが目覚まし代わりとなり、目覚めをその音に頼るようになった。人の繋がりが消えた世の中と言うが、誰かと常につるんでおらずとも、どこかに何かしらの繋がりが勝手に派生してしまうのが暮らしのいとなみではなかろうか、バイク君と私のように、という趣旨だった。

そうそう、その通り。袖を振り合う余地の少ない狭い都会のことだから、わたしは「袖触《ふ》れあうも」と書きたいところだが、思いがけないさまざまな偶然つまり縁が日々積み重なって、それが人の生活を作っていく。

人の一生は縁と成り行き、つまり偶然の関係で出来ている。見えざるバイクの若者から地域の人びと、友人知人、きょうだい夫婦、親子すらも。なぜ隣の子でなくこの子がわが子なのか？　それはたまたまの縁だとしか言いようがない。神様を信じる人なら摂理と言うだろうが、わたしは縁と呼ぶ。

家の「仏壇」と呼べる場所には、たくさんの写真が飾ってある。代々伝わる位牌などないし、もしあったとしてもなんだかものものしく、親しめない。そこで私たち夫婦と縁の深かった方々の写真を吊り並べてあるのだ。いわば「縁壇」である。そこに季節の花を飾り、お線香を焚く。夫とわたしの両親たち、祖父母、先立った兄弟や友人、親しかった叔父、尊敬し影響を受けた大叔母、夫が長いご縁を結んだ中学時代の担任の先生…。さまざまなご縁を感謝して、チンチンと手を合わせる。

隣家から幼い孫がやってきては「チンチンしたい」とせがんで踏み台に乗り、ロウソクに火をつけてもらってお線香を立て、「Sちゃん（兄）の風邪が治りますように、お願いします」などと小さな手を合わせている。「終活」はしないわたしだが、せめて「縁壇」に花を欠かさず、身の回りを日々ちゃんと片付ける生活をしなくてはと自戒するこのごろである。

（2014年冬号）

ひとりぼっちとなぜ思う

買い物かごの茹で卵

買い物客で混雑するスーパーマーケットの夕方。短そうな列を選んで、急いでレジに並ぶ。前の人は若めの女性。彼女の買い物は多いのかな、少なければラッキーだがと、ちらりと前のかごに目を走らせる。失礼。そのとたん、かごの一番上に「ゆで卵」という文字が見えた。えっ、このごろは生卵だけじゃなくてゆで卵まで売っているの、とびっくりしながら急いでかごから目をそらす。半熟卵やゆで卵って、いまや家の台所で作るものじゃなくなったのか。買い物袋から卵を取り出すや、カチンと殻を割って口に運ぶのだ。便利というか、切ないというか。

以前暮らしたドイツの地では、食べることを「エッセン」、食らうことを「フレッセン」と言い分けていた。フレッセンとは動物が餌を食べる行為をさすが、人間が食べ物をかきこむ様子に対しても使われていた。買い求めたものを口に運ぶだけの最近の食卓を思うと、自然にフレッセンという言葉が浮かんでしまう。

要らなくなった手と頭

市販のゆで卵に驚いたので、思わず嘆き節になってしまった。「そんなこと今ごろ知ったの、いまどき何だって買える世の中なのに」と逆に驚かれるのかもしれない。断っておくが、わたしはここで「なんとはしたない食べ方を」と説教をたれようというわけではない。「卵を茹でる時間まで買わせるの？」と、資本の果てしない執念に驚いているのだ。

そういえば、ゆで卵どころではない新商品を思い出した。いきなりトイレの話になるが、先日入ったあるトイレで、戸をあけたとたんに便器の蓋がひとりでに上がったのだ。不気味にも。「あなたは何もしないでね」の法則そのものの製品である。失礼だ。せめてトイレくらい、本人にまかせてもらいたい。いまにトイレに行こうかなと思っただけで戸が開き、代わりに用まで足してくれるようになるんじゃないの、と同じ気分の友人といっしょにあきれる。この消費社会は人間に何もさせず、ひとりぼっちにさせ、たえまなく供給する新商品に人を従わせ、自分で考えて作る能力を奪うことで成り立っている。手を使うのは財布の開け閉めだけにしてほしいと願う企業の意図は、どこまで広がり浸透していくのか。便利になったと歓迎しながら、実は心細くなり、ひとりで居られなくなっていく。

ひとりのはずはないのだが

最近「ぼっち」という言葉を見聞きする。「ひとりぼっち」の略だそうで、ひとりでいられず、ひとりでいるのを人に見られることを怖れる若者が増えたという。その一方で、つながるという言葉が氾濫している。つながれる相手は人間だけだと、勘違いをして。

人はもちろん人ともつながっているが、基本的には自然とつながって生きている。土や、空や、風。太陽や、星や、草木と。そして一刻ごとに空気を吸い、いのちをつなぐ。自然は無言で、誰をもおなじように包んでいる。公平に。ひとりぼっちのわけはない。その事実認識が、人の身体から抜け落ちてきたのではないか。だから淋しく苦しく、心もとない。若い世代は「ぼっち」を怖がり、老いた世代は孤独を嘆く。

かつて、見かけたある文章を思い出す。小学校時代にいじめられた。土に埋められ、砂も食わされた。でも逃げ場はあった。川や森に逃げ、独りで過ごした…と。どんなに辛く、絶望をかかえた日々だったことだろう。でも、木々や水や風、小さな生き物などが逃げてきた子どもを包み、慰め、安心させてくれたのだ。いつでもおいで、ここにいるよ、と。痛めつけられた子どもは、その力を知っていた。自然の包容力は人の気持ちを護り、落ち着かせる。子どもを、おとなを、そして心もとない年寄りを。

人間が自然をここまで破壊してしまったいまも、太陽や月や星はその思い上がりをなんとか許しながら空をめぐり、人のわがまま勝手を辛抱し、苦労しながら季節を運ぶ。ところが自然のひとつである人間は、他の自然とつながるための自らの手を、暮らしのなかで使うことすら放棄した。もちろんわたしとて、この時代に流されている。ときに厳しくしかし寛容な自然という友を捨ててその手から離れれば、淋しくなるのは当然だ。自業自得の心細さ。しかしその仕業を自覚せずに孤独を嘆き、生きにくさを訴えるなら、それは身勝手すぎるというものだ。

手を使いたい。それもお金を数え忙しくメールを打つためだけでなく、何かを作るために使いたい。まずは日々の食べ物のために。その食材は土からいただくのがほんとうだが、街なかでは、いきなりそれはむずかしい。まずは買い求めた野菜を、せめて自分の手で扱う。それが、野菜の育った土を思い浮かべる糸口になる。そして捨ててしまった自然という友人を呼び戻す、はるかな、でもたしかな一歩になるだろう。

還るところを探しに

料理をし始める人は、たいていそのうち、ちょっとした薬物やハーブなどを、庭やプランターで作ろうとする。日々手を使うことで、気分が少し土に近づくのだ。そのうちに市民農園の一角を借りて、トマトやナスなど作り出す人もある。たいていひとりで、つまり「ぼっち」で。見かけはひとりでも、当人は孤独だとか淋しいなどとは、きっと感じていない。土は豊かで賑やかで、人を充足させるからだ。

このところ、行方不明になったお年寄りが、年間一万人に達したと報道されている。その人びとは、「認知症」というわけのわからない名前をつけられ、徘徊したのちに行方知れずになった。「自分の還る土を探しに行ったんじゃないかなあ」と、わたしは勝手に思う。そして、毎朝の田んぼの水の見回りが最後まで自分の仕事だったという、遠縁のおばあさんの晩年を思い起こす。自然は、子どもから年寄りまでの誰にでも、何らかの仕事や役割をくれる。その自然という懐深い友人を捨てるとき、わたしたちは自分が還るところもいっしょに失うのだ。

三里塚で有機農業を営んできた小泉英政さんは、榎の木の落ち葉を掃き集め、落ち葉の力で野菜を育てている。そしてその榎に向けて、こんな詩をさりげなく書いていた。「…何億枚もの葉を集め　ナスやピーマンの発芽を待つ　何のお返しもできませんが　ぼくが死んだら　その灰をあなたの根元におかせてください…」（『みみず物語』コモンズ刊より）。こんなおだやかな境地とはほど遠いところにいるけれど、せめてその静かなことばと風景を、わたしはそっと借りている。

明日はいい天気だよと、夕方の空が言っている。さて朝一番に、前の空き地にひとりでにふえた野蒜をつんで、鰹のだしで煮物にしよう。柔かな葉はゆがき刻んでじゃこと炒りつけ、初夏の土の恵みをありがたくいただこう。

（２０１４年夏号）

「ぼけ」も身のうち、病にあらず

「認知症」ということばが流行している。これは二〇〇四年に厚生労働省用語検討委員会が決めた医療用語で、「ニンチ」と外国語まがいに略されたりしながら、「ぼけ」をあらわす日常語として広まっている。「いや、ぼけと認知症は違う。厳密には脳のこの部分がどうこう…」という話は、ここでは必要ないので措いておく。

医療の世界で診断名が必要なのは承知している。ドクターがカルテひとつ書くにも、医療保険制度の上で、病名は必要な記号だ。でもふだんの世界では医療用語ではなく、「ぼけ」のようにこれまで生活のなかで使われてきた言葉で話したい。「症」というなら、老いが病になってしまう。病とする考え方もあろうが、晩年の心身にともなう避けがたい変化だと、わたしはなるべくとらえたい。医療に人生をゆだねてしまうのは、考えものだと思うから。

もちろんぼけは、「ぼけなす」のように悪口と結びついてもいるが、「認知症」と呼びかえたら老人への差別がなくなるというものではない。言いかえや呼びかえで安心すれば、それはしばしば差別を隠ぺいする役割をはたす。取り繕わずわかりやすい言葉で、差別の姿にも向き合い、自分をも顧みながら暮らしたい。

ときどき鍋を焦がす。たったいまのことほど、すぐ忘れる。先日のこと若い人が、「空気が乾いていると、顔にぬった乳液がスーッと吸い込まれていくみたい」と言っていたが、きっと彼女の記憶の姿もそれと同じなのだろう。一方、老化して固くなった肌に乳液がすぐ吸い込まれて行かないように、老化した脳には、いまのできごとがすぐには入っていかない。「あれ？　薬はのんだっけ？」とつぶやいて、「おばあちゃん、さっきのんでいたでしょ」と孫娘に笑われる。小さな子どもがいるところにはよく笑いが起きるが、「ぼけ」のあるところにも同じ。「同じなんて言うのはムリムリ」と抗議する声も、すぐ聞こえるが。

一生はいろいろな場面で出来ている。助けが必要なときもある。昨今の社会では、ひとり自力で暮らせる力だけに価値があると思い込まされているが、まあそれだけでもないでしょう、と焦がした鍋をみがいている。

（2014年秋号）

やりたいことは、できること

子どものなかで声がする

よちよち歩きの小さな子どもに見かける光景。ある日とつぜん階段に興味を持って、よじのぼろうとし始める。家の外に出ても、ちょっとした段差をめざとく見つけ、丸いおむつのお尻で挑戦する。どうやら段差を登れるようになったと、身体が察するらしい。もしや、子どものなかで声がするのか。「できるよ、きっと。やってみよう！」と。そんな様子に出会うとき、わたしにはいつもこの言葉が浮かぶ。「やりたいことは、できること」。

　またある時期、子どもが急に鋏に興味を持ちだす。それまでは鋏を使うおとながいても、見向きもしなかったのに。刃先のまるい子ども用のはさみを持たせてやると、飽かず紙切りに熱中する。小さな口を尖らせて。どんなにか面白いのだろう。指先、つまり末端の神経が発達すれば、こまかい作業ができるようになる。その変化を知らせる声がするのか。「指って、いろんなことができるんだよ」と。そこで豆やボタンや小さなごみを目ざとく見つけ、しきりにつまんでみる。つまむとすぐ口に入れるのがおきまりの展開だから、おとなは目がはなせない。ここでも、「やりたいことは、できること」。

　人の意欲と能力は、どうやらセットになっている。生きものに備わった知恵、賢さだ。

行きはよいよい、帰りはこわい

子どもの階段のぼりの様子を、もう少し眺めていく。

　道端の階段をたどたどしく這い上がる子どもに、通りがかりのおとなが、「あっ、危ない！」と思わず声をかける場面を見ることがある。そばにいる親を、非難の目でちらりと見たりして。でも当のお母さんは、子どもの様子を視野の隅に入れながら、悠然としている。彼女は子どものできることできないこと、つまり「実力」をよく知っているからだ。「あの子はいま、登るときは大丈夫。でも降りるときには手伝ってやらないと。まだ降りるのはできないからね」と思いながら、気長に待っている。人間、登ることより降りることの方が難しい。もうすぐ階段のてっぺんから、「ママー」と半泣きの声が聞こえるはずだ。

えっ、登るより降りる方が難しい？　逆ではないの？　山だって、登りは辛くて下りは軽いでしょうにと思うのは、若い人である。若いころにさんざん山登りをしてきたわたしも、それが当たり前だと思っていた。というより、そんなことに関心が薄かった。登り下りどっちにしろ、身軽に出来たから。

ところがしだいに歳をとると、人間なる生きものの事実をもう一度発見する。降りるという行動は、実はなかなか高度な技術だったのだ。幼い子と同様、階段を降りるのが苦手になることでそれに気づく。登る方は時間さえかければいいのだが、下りは不安定で手すりが欲しくなる。地面から二本足で立ちあがった人間にとって、何にもつかまらずに手ぶらで身体のバランスをとりながら降りるのは、決してかんたんなことではなかったのだ。得意満面の四つん這いで登り進んだ子どもが、帰りに困惑するあのわけがわかってくる。そういえば、「行きはよいよい、帰りはこわい」という調子のいい囃子言葉もあったな、幼い子と老人の階段歩きにぴったりなセリフだ、などと感心しながら、ゆっくり階段を降りていく。それにしても幼い子が、自分に出来そうなこと出来そうにないことを事前にきっちり判断するんだから、たいしたものだ。いきなりてっぺんから降りはじめて墜落した子どもを見たことがない。小さくても身のほどを賢くわきまえているものだなと、また感心する。人間いくつになっても、その時なりの新鮮な発見があるものだ。

できないことは、やりたくない

ところで、「やりたいことは、できること」という今回のタイトルだが、その反対はどうなんだろう。はたして、「できないことは、やりたくない」となるのだろうか。体験からすると、どうやらそれは当たっている。老いの立場からの実感を記してみよう。

若いころからさんざん山登りをしてきたと、さきにちらりと書いた。長年、われながらよく歩いてきたものだ。山小屋泊まりがつづく二十代のアルプス縦走から、最近の日帰り低山歩きまで。百名山を登るとか標高を競うという種類の山登りには縁がなく、木や花、空や鳥を味わいに出かける軟弱な山歩き。不精と言われればそれまでだが写真もほとんど撮らず、自然のあれこれに見とれながらただ歩く。高い山なら高山植物を、平地の散歩なら折々の草木や鳥の姿を眺めに、長年の仲間と誘い合っては出かけてきた。

ところが、七十代の半ばを迎えた数年前のころ、長年重ねた山歩きにあまり出かけたくなくなった。自然への関心はいっそう強まっているのだが、体力が落ちたのだ。わたしより若い山友だちから時折声がかかるが、どうも腰を上げる気にならない。身の程に合った庭いじり、身近な土いじりに、ひたすら気が向かうのだ。球根を植えたり種をまいたりがしたい。腐葉土をまぜて柔らかな土づくりをしようと思い立つと、わくわくする。

いつもの身支度で出かけていく友人たちに、「楽しんできてね。お土産ばなし聞かせて」と電話で声をかけ、小春日和の庭に出る。それを見つけていく隣家から、小学生の孫娘が、庭づたいに走ってくる。庭仕事の好きな彼女は、定番の小さな軍手にピンクの長靴姿。三人きょうだいのなかでひとりだけ土いじりが好きなのがおもしろい。冬を越そうと眠るコガネムシの幼虫が、土の中からたくさん現れる。あわてて動き出すその子たちを、ふたりで拾い集める。せっかく身を護りながら春を待っていたのにごめんね。小さな花壇の土を整え、相談しながら球根を植えていく。

夕方部屋にもどって、お茶を飲みながら夕暮れの空を眺める。最近いつも思うことだが、空の色、光と影、雲の様子が、なぜか以前よりもっと美しく見える。その美しさ深さは、たくさんのことが出来なくなった晩年の者たちへの贈り物だろう。ゆっくりの充実。空はどこからでも見える。心配することはない。齢を重ねれば、出来ないことがいっそう増えていく。山歩きどころか土いじりも、やがて出来なくなるだろう。でもそれを埋めるだけの何かが、静かに与えられる。だから「やりたいことは、できること」とおなじように、「できないことは、やりたくない」が成立していくのだ。幼い子に見る生きものの賢さは、いまも継続している。もちろん、「できなくなって残念だ」がそこにいささか混ざっているのも、また自然なことだけれど。

平和あってのきれいな自然

長年にわたる山歩きの道中で、美しいものや感動する光景にしばしば出会った。そのつどわたしは冗談に「これ、死ぬとき見る風景にいただき!」と言っては、同行の仲間に笑われたものだ。病んだり悩んだりと、生きていればいろいろある。ありがたくない記憶に苦労することも。そんなとき、きれいな自然の記憶は人を支え助けてくれる。やがてこの世に別れていくときも、たぶん。

先日片づけものをしていたら、ひとつの場面を記した古い文章が出てきた。知人の同人誌に書いた小文で、山歩きで出会った忘れがたい風景を記している。記憶を巻き戻して、再現してみよう。

「お正月休みの寒いころのこと。友人と三人で山道を歩いていると、足もとに五円玉ほどの大きさの白いものが落ちていた。拾いあげると、白い綿毛の帽子をふわりとつけた、草の種だった。銀色に光る細い筋が、落下傘のように丸く美しい曲線を流して、真ん中にひとつの細長い種を下げている。落下傘はまっすぐに枯葉の間に立ち、種を溶かすようにして、それを土に送りこもうとしているのだ。山深い冬の木立ちのなかに、草や木が静かに生を引き継ぐ営みをしている。見ては悪いような気も少ししながら、背中の荷物を下ろし石に腰かけて休んでいると、目の前をその白銀の種がひとつ、ゆっくりと舞い降りてきた。杉の木立のあいだから、一筋の太陽がくっきりと斜めに差し込んでいたのだが、その光の中を、わずかな風に揺らめき悠々と、綿毛をきらめかせて落下してくる。誇り高い仕事のようにして。あ、死ぬとき見たい風景のよう、と思ったのはそのときである。わたしたち三人とも、黙って見惚れた。帰宅して草の本を調べると、それは木を高く這い昇る蔦の花「ていかかずら」の仕事だった」。

この光景に出会ったのは、十年以上前のことだが、そのとき記憶の底にしまわれた草の種たちの美しい仕事ぶりは、いまもあざやかに甦る。たまたま出会った美しい記憶を溜めておく宝箱。それはきっと死のときにもひそかに、やさしいお守りをしてくれるだろう。

だが、ちょっと待てと思う。こんな悠長な話は、平和な世の中でこそできるのだ。戦争を知る最後の世代のわたしは、自然のくれる美しさもまた、戦争の場で根こそぎ破壊されてしまうことを知っている。戦争の気配が漂いはじめた昨今、のんきなことばかり言ってはいられない。

戦争のはじまりはわかりにくい。いつのまにかなだれ込んでいくものだからだ。この危ない時代に、やりたいことやらなくてはならないことは、子どもたちに戦争のない未来をあげること。齢を重ねても、そのためにできることはきっとある。残された日々にその課題を忘れず、やりたいことはできるのだと、あきらめることなく過ごしていきたい。

（2015年冬号）

せっかく歳をとったから

得るもの、失うもの

晩秋のある朝。

小春日和の日差しを背にのんびり新聞をひらくと、「老い」についてのエッセイが目に止まった。老いの諸相が述べられたあとに、「老いを喪失期ととらえて元気なく過ごすか、挑戦期ととらえて元気に過ごすか、それは心構え次第」という具合に結ばれている。うーん、そうかなあ。老いることで新しく見えてくるものがいろいろあるから「喪失」ともいえないし、「挑戦」ばかりしないですむのは有難いことだがな、と思う。老いのとらえかたは人さまざまなのだから、さきのエッセイにケチをつけるつもりはないが、せっかく老いたのにもったいなくはないか？　とその頑張りが切ない気もする。

長く生きれば、若さはたしかに喪失する。それを嘆き、老いに負けずにがんばろうという気概にあふれた老人もけっこう多い。七十代に入ってからのクラス会で、「毎日自宅の階段を何回も昇り降りして、足を鍛えています」と言う、もと企業勤めの男性がいた。えらいなあと思う反面、なんだかつらい。「せっかく歳をとったのに」という言葉が思わず浮かぶが、それを言ったら「ヘソ曲がりの同窓生」と笑われるのがオチだろう。

頑張って成果を上げることこそが価値ありとする生産力至上主義から逃れるのは、並みのことではなさそうだ。子ども若者壮年と人を追い立ててきたこのむごい尺度から離れなくては、ようやく歳をとった甲斐がないのでは。それに、歳を重ねて失うものもあれば代わりに新しく得る世界があって、何でも五分五分だと思うがどうだろう。

空を眺めるゆとりと自然の姿が身近にもどってくると、穏やかな気分が訪れる。それもまた恩恵のときだ。得るもの失うものの采配は、けっこう公平にできている。

いちばん古くていちばん新しい日々

若いときはつくづく忙しかったなあと思う。それだけ動き回れたのだから、当たり前だ。たくさんの仕事をこなして、その忙しさが充実感を生んでいた。でもその分、時間の深さに欠けていただろう。いつの年代も、いいことだけがあるわけはない。仕事と家事と通勤に追われまくっていた友人が、時間の余裕ができてからこう言っていた。「あのころ夕焼けってちゃんと見たことなかったな。空を見るゆとりができたら、夕焼けってこんなにきれいだったんだとびっくりする」。なるほど、よくわかる。刻々と変化する空の美しさはまったくすごい。こればかりは誰にも平等なのだ。どんなときも。

家の近くに、夕焼けの展望台と呼びたい場所がある。西側に向かった傾斜地に空がひらけている高台だ。台風が過ぎて空がみごとに染まった夕方、そのスポットで夕焼けに見とれていた。犬を連れたご夫婦やふたり連れの小学生の女の子が通りかかって、「わあ、きれい」と叫ぶが、なぜかみな同じようにケイタイを取り出してシャッターを押し、すぐに立ち去ってしまう。えっ、立ち止まって見ないの？　もったいないなあと思っていると、オートバイが勢いよく止まって長身の若者が降り立った。お兄さんさすがと思う間もなく、やはりすばやくカシャッと言わせるや、ガソリンの匂いと爆音を残して行ってしまった。本日のブログか何かの材料にするのかなぁ。夕焼けもいまや、自分のアピール用に使われる時代かもしれない。でも空は文句もいわず、静かにさまざまな姿を見せている。自分が若かったころには、お年寄りが窓際にひとり座って空をゆっくり眺めている姿を、淋しそうだなと一方的に見ていたものだが、あれは若さゆえの独りよがりな勘違いだったのだといまごろ気づく。そんなさまざまな勘違いやきめつけが、きっと他にも山ほどあったのだろうなということも。

家にいる時間が長くなると、おかしな電話にも出会う。「おばあちゃんですか？　ぼくですよ」とかかってきた。さてはあれだな？　と思うや、案の定息子だという。適当に応対するうちに警戒したのか電話を切ろうとするので、「もっと話しましょうよ」とからかうと、「もういいよ」と言う。「いいよじゃありません、息子でしょっ！」とおどかすと驚いたか、ガチャッと切れた。どうやらオレオレ初心者だったなとおかしくて、友人に顛末を話して笑いあう。そんなふうに、生まれてからいちばん古くていちばん新しい毎日が過ぎていく。

（２０１３年４月）

あとがき

『老いと幼なの言うことには』は二つの国で生まれた。春にアイデアとして植えられて、冬に本に育った。その間に息子は10ヶ月から20ヶ月に成長した。

息子が生まれてから、私たちは日本語で「いないいないばあ！」をたくさんやった。顔を隠して「いない」、まだ隠して「いない」、そして「ばあ！」で手が開かれると、おもしろい顔をした親がいる。あまりに「いない、いない、いない、ばあ！」をやったので、息子は言葉をしゃべり始めるとすぐに、「ばあ！」を「開く」という意味で使い始めた。ドアを指差して、「ばあ！」と言う。バナナを手に持って「ばあ！」なら、皮をむいて、ということ。本を「ばあ！」なら、本を開いてほしい。簡単だ。ところが、私たちはやがて「ばあ！」は、それ以上の力を持つことに気がついた。「ばあ！」と本を開くことができるなら、さらに「ばあ！」すれば、ページに描かれている絵を開くこともできる。美術館に飾ってある絵を指差して「ばあ！」すれば、絵は開き、絵の中の世界に行けるのだ！「ばあ！」は、静物に生命を与える呪文。「ばあ！」は、隠れているものを見せてくれる。

私が本を見る眼は変わった。「ばあ！」だけではない。私は以前から、贅沢な印刷の写真集が閉じられてほこりっぽい本棚に並んでいるのを見ると、かわいそうだと思っていた。息子の本は、息子の人生を一緒に生きる。息子は本を逆さにして、横にして読む。私たちは一緒に、何度も何度も読む。彼は本に落書きをする。本をぐるぐる回す。息子にとって本は、上に立つもので、投げるもので、一緒に寝るもの。旅行に行く時には、おうちを思い出すために持っていくもの。本は、かじるもの。足でページをめくるもの。絵を使って、世界を自分に説明するもの。ぼろぼろにするもの。

息子と一緒に本を見ていると、彼はよく、自分に似た者を探してページをめくっている。「ベイビー？　ベイビー？」と尋ねながら、本の中にベイビーを見つけるまで探し回る。見つけると勝ち誇ったように「ベイビー！」と言い、にんまりと仲間を指差す。ベイビーたちの結束なのかな、と私は想像する。ベイビー代表を応援しよう。みんなの中に、いつもベイビーの参加を。どこを探してもベイビーがいない本の場合、なぜベイビーが不参加なのか、私は説明することができない。

9ヶ月と少しで、この本はこの本になっていった。息子はこの世に現れてから、時とは変化だと私に示し続けている。今日の私の確信を、明日の息子はひっくり返すだろう。「こういうものだ」が真実なのは、その時だけ。

私は息子が生まれた時、これから先無数の、したことのない決断をしなければならないことに圧倒された。その気持ちをすでに孫がいる友人に言うと、彼女は「その瞬間に一番良いと思うことをすればいいのよ」と言った。この本での私の言葉は、そういう、その瞬間における葛藤と決意の記録にすぎません。

この企画に私を招いてくれた牧子さんに、本当に感謝しています。牧子さんと牧子さんの読者たちの、一生に渡る会話の一部に参加させていただいて、とてもうれしいです。読者の多くの方もそうでしょうけれど、牧子さんは老いと幼なとの経験を、私よりもずっと持っています。私は赤ん坊の世話をしながら、自分も赤ん坊に戻って、未知の新しい生を始めたような気持ちでいます。また、牧子さんがこの本づくりを提案してくれたタイミングにも感謝しています。お話をいただいた時、私は息子と家にこもっている日々で、外へ出て行く道がわからない時期でした。牧子さんは、私が外へ歩き出して大きな世界の一部になっていけるように、ドアを開けてくれたと思っています。

この時期の自分の考えを記録させていただけるのは、特別な賜物です。でも同時に「この時期」は、生活の整理ができなくて、忘れっぽくて、行動がゆっくりな時期です。小澤昔ばなし研究所の皆さんは信じられないほど強く、賢く、辛抱強く、この企画を実現させてくださいました。小林将輝さん、高橋尚子さん、長崎桃子さんと仕事をするのは刺激的で、多くを学びました。そして岡野恵さん、益子美子さん、小澤木綿子さんの親切によって、この企画は現実の中を進むことができました。ありがとうございます。日本語で上手く伝えることができないので、どうかこのあとがきを、私が皆さんと仕事ができて幸せと思っている証しとさせてください。小澤俊夫先生の活気ある組織に参加できたことは、大変な名誉です。写真の印刷について、松平光弘さんは明快で惜しみのない提案をくださり、平野敬子さん、松田ひろみさんは快くお知恵を貸してくださいました。本当にありがとうございます。そして、吉原印刷の皆様に感謝しています。

凜音、ありがとう。あなたの生命の爆発を私たちに分けてくれて。私たちに、毎日を新しい日として生きることを思い出させてくれて。問題解決の方法に、笑いを提案してくれて。そして、凜音のいとこの星夜くん、ひのでちゃん、明ちゃんは考えるのを助けてくれて、まばゆい思考と優しさで励ましてくれました。凜音の友達のうさぎちゃん、ことちゃんの両親たちに、同じ時期を一緒に過ごしている感謝を。そして、私がいつも忙しくて学ぶことができなかったことを今になって教えてくれている、とても辛抱強い、私の母に感謝しています。

夫、小沢健二に感謝を。彼の言葉の橋を、私たちは渡ります。共著者同士が違う言葉を喋る本を作るには、無私無欲で会話の橋渡しをする人が必要です。私たちは今回、多言語・多文化の企画がなぜ難しいのか、よく分かりました。なぜなら、道がないからです。夫はリアルなものを建設する詩人です。立ったら破れてしまう紙の橋を作ることはありません。私も、多くの皆さんと同様に、彼が味方で本当に幸運だと思っています。

写真に写っている人々や、土地に感謝を。なぜ第三世界で写真を撮るのでしょう？　楽な暮らしをする者が、貧困に感動して？　いいえ。開発が進んでいない世界は、美に息をさせるからです。木の壁、手で織られた衣服、すり切れた石。開発は朽ちると、ごみになります。自然の世界は朽ちると、新しい種たちのためのベッドになります。そして、花が咲きます。

幼なと老いは惜しむことをしない。彼らは直感で、「分け与えよう」と思う。彼らは他人に与えるために必要な、時間を持っている。真ん中にいる私たちは、どうやって「忙しさ（ビジー・ネス）」から自分ら自身を救えるのだろう？

エリザベス・コール

小沢 牧子（おざわ まきこ）

1937年北海道生まれ。大学と研究機関で心理学を学んだのち、心理相談の仕事を通して心理学の理論と実践に疑問を抱き、臨床心理学の点検と批判の研究を続ける。もと和光大学非常勤講師、国民教育文化総合研究所研究委員、社会臨床学会運営委員。著書に『心の専門家はいらない』（洋泉社新書y）、『心理学は子どもの味方か？』（古今社）、『子どもの場所から』、『学校って何』（小澤昔ばなし研究所）ほか。現在韓国で、全集『小沢牧子コレクション』が刊行中。川崎市在住。

エリザベス・コール（Elizabeth Coll）

1976年アメリカ合衆国、コネティカット州生まれ。高校時代にバルセロナに留学し、スペイン語を学ぶ。ブラウン大学でラテンアメリカ学、ロードアイランド・スクール・オブ・デザインで写真、ニュースクール大学院でメディア・アートを学ぶ。メキシコに7年滞在したほか、ラテンアメリカ諸国に詳しい。写真家、記者としておもにメキシコの新聞『ラ・ホルナダ』の仕事をし、日本では2007年から季刊誌『子どもと昔話』に写真と文を毎号掲載している。夫、一歳半の息子と、ニューヨーク市近郊に在住。

初出一覧

第2章　「メキシコ・ナヤリット州」（35頁）『子どもと昔話』2014年58号、「ペルー・マラス町」（49頁）同誌2008年36号、「ヨルダン・アカバ市」（50-51頁）同誌2009年39号、「ボリビア・オルロ市」（54-55頁）同誌2007年31号、「ベネズエラ・パリア半島」（56頁）同誌2007年30号、「ペルー・マラス町」（58頁）同誌2007年30号、「ラオス・ヴィエンチェン市」（61頁）同誌2008年34号、「エチオピア・ラリベラ町」（63頁）同誌2009年40号。「ラオス・ヴィエンチェン市」（61頁）は小沢健二「我ら、時」展覧会（2012年3月16日～4月2日）でも公開された。その他の作品はすべて初出。

第3章　「せっかく歳をとったから」：『100年コミュニティー』2013年4月号。
その他の稿：『子どもと昔話』の2013年54号～2015年62号より抜粋し加筆・改筆した。

老いと幼なの言うことには

2015年4月30日　初版発行

著　者　小沢 牧子　エリザベス・コール

発　行　有限会社　小澤昔ばなし研究所
〒214-0014 神奈川県川崎市多摩区登戸3460-1 パークホームズ704
TEL 044-931-2050　E-mail mukaken@ozawa-folktale.com

発行者　小澤 俊夫
データ制作　小林 将輝
印　刷　吉原印刷 株式会社
製　本　株式会社 渋谷文泉閣

ISBN 978-4-902875-68-3 Printed in Japan

ACCORDING TO THE OLD AND THE YOUNG
written by Makiko Ozawa and Elizabeth Coll
published by Ozawa Folktale Institute, Japan